Mauri König

Processo de produção jornalística

SÉRIE EXCELÊNCIA EM JORNALISMO
DIALÓGICA

EDITORA
intersaberes

O selo DIALÓGICA da Editora InterSaberes faz referência às publicações que privilegiam uma linguagem na qual o autor dialoga com o leitor por meio de recursos textuais e visuais, o que torna o conteúdo muito mais dinâmico. São livros que criam um ambiente de interação com o leitor – seu universo cultural, social e de elaboração de conhecimentos –, possibilitando um real processo de interlocução para que a comunicação se efetive.

EDITORA intersaberes

Rua Clara Vendramin, 58 . Mossunguê
CEP 81200-170 . Curitiba . PR . Brasil
Fone: (41) 2106-4170
www.intersaberes.com
editora@editoraintersaberes.com.br

Conselho editorial
Dr. Ivo José Both (presidente)
Dr.ª Elena Godoy
Dr. Neri dos Santos
Dr. Ulf Gregor Baranow

Editora-chefe
Lindsay Azambuja

Supervisora editorial
Ariadne Nunes Wenger

Analista editorial
Ariel Martins

Preparação de originais
Mariana Bordignon

Edição de texto
Arte e Texto Edição e Revisão de Textos
Viviane Fernanda Voltolini

Capa e projeto gráfico
Charles L. da Silva

Diagramação
Conduta Design

Equipe de *design*
Charles L. da Silva
Laís Galvão

Iconografia
Célia Regina Tartalia e Silva
Regina Claudia Cruz Prestes

Dados Internacionais de Catalogação na Publicação (CIP)
(Câmara Brasileira do Livro, SP, Brasil)

König, Mauri
  Processo de produção jornalística/Mauri König. Curitiba: InterSaberes, 2019. (Série Excelência em Jornalismo)

  Bibliografia.
  ISBN 978-85-5972-884-2

  1. Artigos jornalísticos 2. Jornalismo 3. Redação jornalística 4. Repórteres e reportagens I. Título. II. Série.

  18-20001   CDD-070

Índices para catálogo sistemático:
1. Jornalismo   070

Maria Alice Ferreira – Bibliotecária – CRB-8/7964

1ª edição, 2019.

Foi feito o depósito legal.

Informamos que é de inteira responsabilidade do autor a emissão de conceitos.

Nenhuma parte desta publicação poderá ser reproduzida por qualquer meio ou forma sem a prévia autorização da Editora InterSaberes.

A violação dos direitos autorais é crime estabelecido na Lei n. 9.610/1998 e punido pelo art. 184 do Código Penal.

Sumário

- 5   *Apresentação*
- 10   *Como aproveitar ao máximo este livro*

Capítulo 01
14 Estrutura das empresas jornalísticas
- 15   Evolução das empresas jornalísticas
- 31   A redação está mudando

Capítulo 02
47 Notícia ou reportagem?
- 48   Diferenças entre notícia e reportagem
- 55   Gancho jornalístico
- 59   Lide, a porta de entrada para o texto
- 62   Entrevista jornalística
- 69   Critérios de noticiabilidade
- 77   Teoria do *gatekeeper*

Capítulo 03
90 Etapas de produção jornalística tradicionais e contemporâneas
- 91   Da produção "artesanal" à escala industrial

Capítulo 04
133 Principais etapas do jornalismo
134 Pré-produção, produção, edição e pós-produção

Capítulo 05
153 Técnicas de reportagem e pesquisa
154 Pesquisa aplicada ao jornalismo

Capítulo 06
204 Produção e edição de matérias
205 Hora de escolher o que fica e o que sai

247 *Para concluir...*
249 *Referências*
255 *Respostas*
259 *Sobre o autor*

Apresentação

O que é jornalismo e como fazê-lo?

Seja bem-vindo a uma discussão sobre o que é ser jornalista, o que é jornalismo e como fazer jornalismo! Este livro não tem a pretensão de esgotar as questões relacionadas ao assunto, é claro, mas traz reflexões bastante atuais sobre esse ofício que já revelou ser essencial em qualquer sociedade que se pretenda justa e democrática.

Jornalismo, antes de ser profissão, é um bem público. Jornalismo é o que importa e o que se importa. O que importa às pessoas, no sentido de ter valor ou interesse, de ser útil e necessário; e o que se importa com as pessoas, no sentido de atribuir-lhes importância, de cuidar delas e dos interesses coletivos. O jornalista deve acreditar que está fazendo algo útil e necessário à sociedade; do contrário, seu trabalho não importa nem se importa.

Também é vital que o jornalista se sinta responsável pelo impacto de seu trabalho sobre seus receptores. Espera-se que ele seja equilibrado e o mais justo possível, publicando suas informações sob diferentes pontos de vista e fontes. Tudo realizado com um critério profissional simples: dar voz a todas as partes e informar da maneira mais fiel possível o que está acontecendo.

Nessa busca pelo equilíbrio e pelo que é justo, há um conjunto de valores que não mudarão jamais e sem os quais esse ofício de informar perderia o que o sustenta e o distingue: a legitimidade e a credibilidade. Como em qualquer profissão, naturalmente, no jornalismo, existem profissionais cujo *ethos* expressa esses valores e aqueles cujos objetivos são outros. Fixemo-nos nos bons, então.

O jornalismo não pode abdicar de sua função social para se reduzir a um espelho que apenas reflete os acontecimentos, convertendo-se num mercado de notícias. A decisão sobre o que e como transmitir transcende o aspecto técnico, uma vez que a percepção da realidade que nos cerca se dá, em grande parte, pelo filtro midiático. Há nessas escolhas valores de ordem moral e ética, o que, por consequência, interfere na moral e na ética dos receptores dessas informações.

De quais informações estamos a falar, afinal? As novas tecnologias multiplicaram os produtores de informação e a internet se encarregou de pulverizar os locais para abrigá-las. Mas, no oceano de informações em que a *web* se transformou, fica difícil discernir entre o útil e o inútil, entre o falso e o verdadeiro. É precisamente nesse ponto que o jornalismo se converte na ilha de excelência de tal mar informativo. As pessoas tendem a buscar os meios tradicionais para checar as versões, o que atesta a necessidade de um jornalismo de qualidade.

Também nesse ponto há de se distinguir os diferentes tipos de informação. A todo instante, estamos produzindo informações. Claro que um geneticista produz mais informação sobre pesquisa genética do que um jornalista, assim como um matemático produz mais informação sobre estatística, ou um linguista sobre a evolução dos idiomas. Mas é o jornalista quem decodifica essas informações técnicas e as torna compreensíveis para o público em geral.

Cada atividade profissional precisa ser desempenhada por pessoas que adquiriram habilidades para exercê-la. Fazer cálculos para ver se o salário alcança o fim do mês não faz de mim um contador, assim como a horta no quintal não converte o meu vizinho num agrônomo, nem o balconista de farmácia pode exercer a medicina porque sabe tudo de medicamentos. Da mesma forma, um cidadão não vira jornalista apenas por ter alguma habilidade com a escrita ou porque eventualmente publica algo na internet.

Para fazer jornalismo, é preciso ouvir fontes, investigar e contextualizar o assunto e utilizar técnicas para informar sobre algo verdadeiramente de interesse público. Trata-se de uma busca permanente – e não eventual – da legitimidade e da credibilidade de que falamos há pouco. O jornalismo tem de informar os fatos relevantes; é uma forma de produção de conhecimento sobre a realidade social, e por isso requer veracidade do conhecimento produzido. Essa veracidade se alcança por meio de técnicas específicas da profissão – técnicas essas que tratamos neste livro.

O primeiro capítulo traz um pouco da evolução das empresas de comunicação, no lastro da importância que o jornalismo foi ganhando no meio social ao longo da História – fortalecida com a Revolução Francesa. A evolução de que trata esse capítulo fez surgir recentemente novas funções dentro das redações, à medida que as próprias redações foram se adaptando aos novos tempos impostos pelas novas tecnologias.

O que faz com que um acontecimento vire notícia e outro não? Quais critérios os jornalistas usam para definir o que vale ser noticiado? A quem cabe tal responsabilidade? Disso trata o segundo capítulo, que aborda ainda as diferentes maneiras que esses acontecimentos são levados a público, se na forma de notícia ou de reportagem. Aqui, entra uma discussão sobre os gêneros narrativos e os métodos de apuração que fazem a distinção entre uma coisa e outra.

O jornalismo passou por muitas transformações desde a invenção da imprensa por Gutenberg. O terceiro capítulo faz um rápido resgate dessa história para tratar dos processos tradicionais e contemporâneos na produção jornalística. Alguns deles nunca mudam, já outros tiveram de ser criados ou adaptados diante dos recursos que as novas tecnologias incorporaram ao trabalho do jornalista. Aqui, cabe tratar da pesquisa aplicada ao jornalismo e da relação do jornalista com as fontes de informação.

O quarto capítulo traz sugestões valiosas para quem busca garantir o sucesso de um trabalho jornalístico. O ponto de partida é o planejamento da matéria, tratado com particular atenção nessa parte do livro. O capítulo traz dicas para elaborar um plano de trabalho, a começar pelo desenvolvimento da pauta. A ideia é que você não perca as boas ideias que possam resultar em grandes reportagens.

Mas não se consegue produzir uma grande reportagem sem antes fazer uma boa pesquisa. Disso vamos tratar no quinto capítulo, no qual você encontrará diferentes tipos de pesquisa e alguns métodos aplicados ao jornalismo. Vamos falar ainda da forma como você poderá aproveitar essas informações todas, mostrando algumas técnicas de notícia e de reportagem. Por fim, o capítulo traz algumas técnicas de checagem de dados a fim de evitar eventuais erros em seu trabalho jornalístico.

E se, mesmo checando as informações, você acabou publicando uma matéria com erro? O que fazer? O sexto capítulo traz algumas respostas para isso. Mas, antes, mostra os muitos caminhos existentes para evitar o equívoco, ou corrigi-lo depois de tornado público. Essa parte final do livro aborda todo o processo de edição do material, as revisões de texto conforme as normas ortográficas, como se dá o fechamento da edição e as formas de avaliação dos veículos jornalísticos.

Boa leitura!

Como aproveitar ao máximo este livro

Este livro traz alguns recursos que visam enriquecer o seu aprendizado, facilitar a compreensão dos conteúdos e tornar a leitura mais dinâmica. São ferramentas projetadas de acordo com a natureza dos temas que vamos examinar. Veja a seguir como esses recursos se encontram distribuídos no decorrer desta obra.

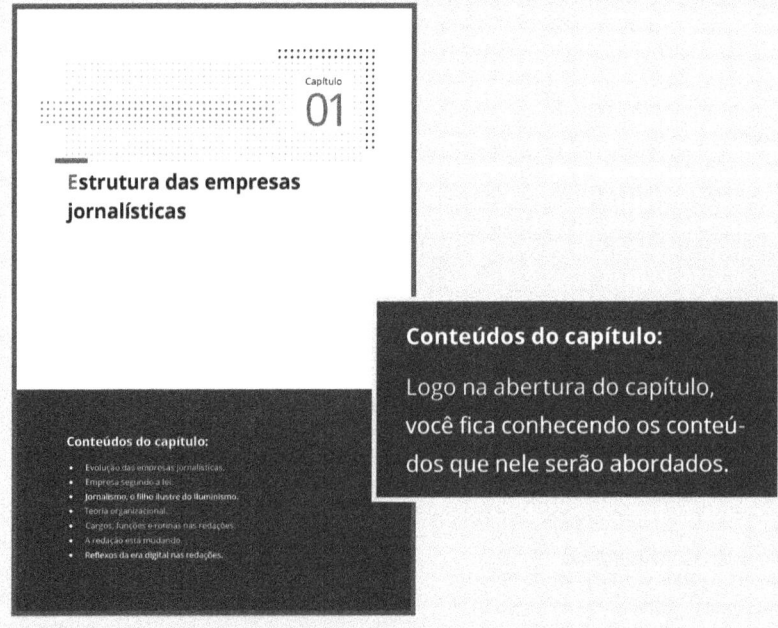

Processo de produção jornalística

Após o estudo deste capítulo, você será capaz de:

1. identificar a estrutura organizacional de uma empresa de comunicação, sabendo distinguir o papel de cada departamento;
2. reconhecer os diferentes cargos e funções exercidos pelos jornalistas em uma redação;
3. identificar as mudanças contemporâneas nas redações;
4. entender os reflexos da era digital nas redações.

Após o estudo deste capítulo, você será capaz de:

Você também é informado a respeito das competências que irá desenvolver e dos conhecimentos que irá adquirir com o estudo do capítulo.

1.1 Evolução das empresas jornalísticas

Há controvérsias sobre qual teria sido o primeiro jornal do mundo e, portanto, o embrião das empresas de comunicação como as conhecemos hoje. Uma versão bem aceita entre os historiadores atribui a invenção ao alemão Johann Carolus, que, em 1605, pôs para circular em Estrasburgo o *Relation aller Fürnemmen und gedenckwürdigen Historien*. No Brasil, há consenso sobre o primeiro jornal, o *Correio Braziliense*, impresso em Londres e posto em circulação no Rio de Janeiro em 1808 por Hipólito José da Costa. A proposta aqui é fazer um breve percurso pela História para mostrar a evolução da imprensa desde os tempos de produção artesanal feita por uma única pessoa até o auge das redações com mais de mil jornalistas.

Etapas de produção jornalística tradicionais e contemporâneas

ou, na impossibilidade de cruzamento com outras fontes, ser publicada em coluna de bastidores, com a indicação explícita de que ainda se trata de rumor, informação não confirmada.
(Folha de S.Paulo, 2015, p. 38)

Síntese

À medida que a notícia foi ganhando cada vez mais valor comercial, a agilidade na produção jornalística foi se tornando um valor determinante para a subsistência dos meios de comunicação. Deu-se então início ao chamado *newsmaking*, a produção da notícia em escala industrial para atender às demandas do mercado consumidor de informação. Para dar conta dessa demanda, foram criadas rotinas de produção.

Assim, surgiram processos tradicionais de produção jornalística, seguidos por jornalistas nas redações, há pelo menos um século. Essa etapa de produção começa na pauta e continua na pesquisa, passando pela apuração, entrevistas, captação, checagem, seleção e redação até chegar à edição e à veiculação. Hoje, o que se vê é a fusão dos processos tradicional e contemporâneo, este marcado sobretudo pela incorporação das novas tecnologias, com suas vantagens e desvantagens.

Para Deuze e Witschge (2016), o papel ubíquo que as tecnologias desempenham na natureza mutável do trabalho jornalístico e das organizações causa um acúmulo de funções. O jornalista

Síntese

Você dispõe, ao final do capítulo, de uma síntese que traz os principais conceitos nele abordados.

Processo de produção jornalística

Etapas de produção jornalística tradicionais e contemporâneas

Estudo de caso

Quando a fonte manipula o jornalista

O *The Washington Post* publicou no início de novembro de 2017 uma série de denúncias de abusos sexuais contra o candidato republicano a senador pelo Alabama (EUA), Roy Moore. Entre as novas denúncias recebidas, o jornal identificou uma mulher que tentava manipular a repórter com uma história falsa visando desmoralizar o veículo. Ao descobrir isso, o *Post* decidiu revelar as conversas mantidas em *off* com a suposta vítima por considerar que a aproximação com o jornal se deu por má-fé.

O *Washington Post* descobriu que a mulher pertencia ao grupo conservador *Project Veritas*, conhecido por tentar destruir a credibilidade dos meios de imprensa tidos como liberais. Jaime T. Phillips, de 41 anos, teve vários encontros com os jornalistas e relatou que havia tido uma relação com Moore em 1992, que a levou a ter de fazer um aborto aos 15 anos de idade. À época, Moore tinha 45 anos. O jornal não publicou a história da mulher por causa de incongruências nos relatos.

Os repórteres viram Jaime entrar nos escritórios do *Project Veritas*. O *Washington Post* diz que essa tentativa de apanhar o jornal em falso é uma forma de desacreditar os meios de imprensa que divulgaram histórias de mulheres que acusavam Moore.

Estudo de caso

Esta seção traz ao seu conhecimento situações que vão aproximar os conteúdos estudados de sua prática profissional.

Perguntas & respostas

Qual é o papel de um repórter dentro de uma redação?
Sem o repórter o jornalismo não existiria. É ele quem vai para a rua, presencia os acontecimentos, faz entrevistas e checa as informações para depois relatar ao público.

Quais são as responsabilidades de um editor?
Ele participa do processo de seleção dos assuntos, sugere a melhor abordagem, coordena o trabalho do repórter e depois avalia o material produzido. Faz títulos, corrige eventuais erros do repórter, seleciona as melhores partes do texto, do áudio ou do vídeo e decide como a matéria será apresentada ao público.

O que é conselho editorial?
Nem todos os veículos dispõem de um. É formado por jornalistas e não jornalistas, cuja função é avaliar o conteúdo do veículo, discutir a linha editorial e, se for o caso, opinar sobre o comportamento a ser seguido pelo veículo em determinadas coberturas.

Qual o impacto das novas tecnologias no trabalho do repórter fotográfico?
Esse profissional está se vendo obrigado a se adaptar aos novos tempos para sobreviver no mercado. Está tendo de se transformar em um jornalista de multimídia visual,

---

Perguntas & respostas

Nesta seção, o autor responde a dúvidas frequentes relacionadas aos conteúdos do capítulo.

13 — Processo de produção jornalística

Questões para revisão

Com estas atividades, você tem a possibilidade de rever os principais conceitos analisados. Ao final do livro, o autor disponibiliza as respostas às questões, a fim de que você possa verificar como está sua aprendizagem.

Questões para revisão

1. O texto jornalístico começa sempre relatando o que há de mais importante em um fato e hierarquiza outros detalhes, do mais importante para o menos importante. A primeira parte, em geral os dois primeiros parágrafos, responde às seis perguntas fundamentais de um acontecimento. Quais são essas perguntas na estrutura que é conhecida como pirâmide invertida?

2. O que é um gancho jornalístico e para que ele serve no jornalismo?

3. Cremilda Medina (2008, p. 19), observa que "numa classificação sintética da entrevista na comunicação coletiva, distinguem-se dois grupos: entrevistas cujo objetivo é espetacularizar o ser humano; e entrevistas que esboçam a intenção de compreendê-lo". A autora salienta, no entanto, que Edgar Morin enumera quatro tipos em sua classificação. Quais são eles?

    a) A entrevista-verdade, a entrevista-revelação, a entrevista-padrão e a bombástica.
    b) A entrevista-rito, a entrevista-anedótica, a entrevista-diálogo e as neoconfissões.
    c) A entrevista-rito, a entrevista-testemunhal, a entrevista-bombástica e a confessional.

---

a) Televendas, marketing, jurídico, circulação, tecnologia.
b) Assessoria, administrativo/financeiro, jurídico, tecnologia, circulação.
c) Comercial, marketing, administrativo/financeiro, jurídico, tecnologia, circulação.
d) Relacionamento com o cliente, vendas, jurídico, marketing, tecnologia, circulação.
e) Comercial, marketing, administrativo, prospecção de mercado, jurídico, circulação.

Questões para reflexão

1. Warren Breed indica seis fatores que levam o jornalista ao conformismo: autoridade institucional, obrigação e estima pelos superiores, aspiração de mobilidade, ausência de grupos de lealdade em conflito, prazer da atividade e a notícia como valor. Reflita sobre como essa questão pode afetar o processo de produção da notícia e depois elabore uma síntese.

2. Com base na leitura deste capítulo, escreva um texto apontando as diferenças de atribuições de um repórter, de um editor e de um editor-executivo em uma redação. Busque compreender por que existe esse tipo de estrutura em uma empresa de comunicação.

Questões para reflexão

Nesta seção, a proposta é levá-lo a refletir criticamente sobre alguns assuntos e trocar ideias e experiências com seus pares.

Capítulo
01

Estrutura das empresas jornalísticas

Conteúdos do capítulo:

- Evolução das empresas jornalísticas.
- Empresa segundo a lei.
- Jornalismo, o filho ilustre do Iluminismo.
- Teoria organizacional.
- Cargos, funções e rotinas nas redações.
- A redação está mudando.
- Reflexos da era digital nas redações.

Após o estudo deste capítulo, você será capaz de:

1. identificar a estrutura organizacional de uma empresa de comunicação, sabendo distinguir o papel de cada departamento;
2. reconhecer os diferentes cargos e funções exercidos pelos jornalistas em uma redação;
3. identificar as mudanças contemporâneas nas redações;
4. entender os reflexos da era digital nas redações.

1.1 Evolução das empresas jornalísticas

Há controvérsias sobre qual teria sido o primeiro jornal do mundo e, portanto, o embrião das empresas de comunicação como as conhecemos hoje. Uma versão bem aceita entre os historiadores atribui a invenção ao alemão Johann Carolus, que, em 1605, pôs para circular em Estrasburgo o *Relation aller Fürnemmen und gedenckwürdigen Historien*. No Brasil, há consenso sobre o primeiro jornal, o *Correio Braziliense*, impresso em Londres e posto em circulação no Rio de Janeiro em 1808 por Hipólito José da Costa. A proposta aqui é fazer um breve percurso pela História para mostrar a evolução da imprensa desde os tempos de produção artesanal feita por uma única pessoa até o auge das redações com mais de mil jornalistas.

Os jornais surgiram graças à invenção da prensa de papel pelo alemão Johannes Gutenberg, em 1455. A produção de livros, antes manual, passou a ser feita por máquinas de forma mais rápida e barata. Os periódicos começaram a aparecer em vários países da Europa no século XVII. Mais tarde, a invenção do telégrafo, em 1844, acelerou o processo de transmissão de notícias em longa distância e fez surgir a Era de Ouro dos Jornais entre 1890 e 1920. Esse fenômeno teve início nos anos 1830 nos Estados Unidos com a *penny press* (jornais populares de preço muito baixo).

Schudson (2010) lembra que, em 1830, o país tinha 650 semanários e 65 diários. "A circulação média de um diário era de 1.200 exemplares; assim, a circulação diária total chegava a, aproximadamente, 78 mil exemplares. Em 1840, havia 1.141 semanários e 138 diários" (Schudson, 2010, p. 24). Nessa época, os exemplares em circulação chegavam a 300 mil por dia, para uma população de 17 milhões de habitantes. Em 1920, o *The New York Times* superava sozinho essa marca, colocando 343 mil exemplares para circular todos os dias (Schudson, 2010). No Brasil, Assis Chateaubriand daria início, em 1924, a seu império das comunicações. "No seu apogeu, nos anos 50, a cadeia dos Diários e Emissoras Associados reunia cerca de 34 jornais e 36 emissoras de rádio espalhados em todo o país" (Saroldi; Moreira, 1984, p. 18, citado por Mattos, 2002, p. 61).

Os meios impressos viram surgir, no início dos anos 1920, um poderoso concorrente na transmissão de informações: o rádio. Outro golpe para a hegemonia dos jornais foi a invenção da televisão, que, a partir de 1950, viria a se tornar o mais influente canal de mídia do mundo. A popularização dos computadores e da internet na década de 1990 resultou em uma nova plataforma de comunicação, o webjornalismo. Atualmente, alguns dos maiores grupos de comunicação do mundo trabalham com duas ou mais dessas mídias.

Essas corporações têm como principal atividade produzir conteúdo em diferentes meios: jornais impressos, revistas, emissoras de rádio e televisão e portais na internet. Embora essas empresas tenham a missão de informar, é a geração de lucro que as mantém em atividade. A despeito de inúmeras iniciativas de jornalismo independente surgidas nas últimas duas décadas no meio digital, é no contexto das empresas comerciais que se dá a produção de um volume maior de informações.

Quem pretende ser jornalista precisa saber que são os interesses de mercado que regem grande parte da produção da notícia. Nesse contexto, cabe lembrar que o jornalismo é apenas um dos departamentos nessas organizações, juntamente com os setores jurídico, comercial, administrativo, entre outros. Cada um deles acaba exercendo certa influência no fazer jornalístico. Acima de todos eles, no entanto, estão os donos da empresa, que, em última análise, determinam a linha editorial do veículo.

Ainda que a produção de conteúdo jornalístico seja a atividade-fim da maioria dessas empresas, elas dependem desses departamentos para dar suporte ao departamento de jornalismo. Nessa estrutura, a diretoria da empresa é formada geralmente pelos proprietários, acionistas ou executivos contratados para gerir a organização. Os diretores estão no topo do organograma porque comandam os outros departamentos. As decisões tomadas nos demais setores, e muitas vezes inclusive no jornalismo, precisam ser aprovadas pela direção.

Muitos estudiosos do jornalismo concordam ao afirmar que a visão de mundo e a ideologia dos proprietários ou diretores de uma empresa de comunicação têm influência direta na atividade jornalística, na seleção dos fatos a serem noticiados e até mesmo na forma de escrever os textos. A essa influência da empresa sobre a atividade do jornalista dá-se o nome de *teoria da organização* ou *teoria organizacional*.

A teoria organizacional não se aplica apenas à cúpula empresarial. Outros setores também exercem esse tipo de influência, notadamente os Departamentos Comercial e de *Marketing*. Isso acontece porque esses segmentos respondem pelo posicionamento da empresa no mercado e pela captação de anunciantes. Assim, não é estranho no jornalismo a produção de matéria sobre determinada empresa só porque ela é anunciante do veículo, ou o veto a uma matéria negativa, numa clara interferência do comercial no jornalismo. Acontece também de o *marketing* e o comercial "sugerirem" matérias.

Já os Departamentos Administrativo e Financeiro representam um suporte para o setor de jornalismo, pois cuidam do almoxarifado, do setor de transportes, de compras de material de escritório e pagamentos. O Departamento Jurídico também tem interferência na atividade jornalística. Algumas reportagens devem passar pelos advogados para averiguar se há dados que evitem processos. Elas podem até ter sua publicação barrada se a empresa achar que o risco é significativo.

O Departamento de Tecnologia, por sua vez, cuida da parte técnica da empresa. Em emissoras de TV, por exemplo, é chamado de *operacional* ou *Departamento de Engenharia*, responsável por colocar e manter o canal do ar, cuidando do processo de geração de imagens. A maioria das organizações mantém profissionais de tecnologia da informação (TI), fundamentais para que computadores, acesso à internet, *softwares* e transmissão de dados ocorram sem transtornos.

Por fim, o Departamento de Circulação, também chamado de *logística*, é mais comum nos meios impressos, como jornais e revistas. Uma vez impressas, essas publicações precisam ser distribuídas aos assinantes – alguns em diferentes partes do país e até do mundo – e chegar às bancas. São os profissionais da circulação que cuidam disso.

∴ Empresa segundo a lei

A Lei n. 5.250, de 9 de fevereiro de 1967 (Brasil, 1967), regula a liberdade de manifestação do pensamento e de informação no Brasil. No Capítulo 1, o art. 4º indica que são empresas jornalísticas "aquelas que editarem jornais, revistas ou outros periódicos" (Brasil, 1967). O texto da lei inclui ainda aquelas que "explorarem serviços de radiodifusão e televisão, o agenciamento de notícias e as empresas cinematográficas" (Brasil, 1967). Ou seja, toda empresa que edita jornais, revistas e outros periódicos ou produz conteúdo noticioso em rádio, TV, agências de notícia ou produtoras de vídeo e cinema pode ser considerada empresa jornalística.

A lei recebeu nova redação em 1985 sem tratar da internet, meio que passou a comportar a atividade jornalística, ainda que nem todos os *sites* sejam necessariamente empresas jornalísticas. Já a expressão *agenciamento de notícias*, referida na lei, comporta duas atividades: agências cuja atividade é distribuir fotos ou textos informativos e ainda as assessorias de imprensa, empresas que distribuem para as redações sugestões de matérias ou textos prontos. As empresas de assessoria podem ser públicas ou privadas e se tornam fontes de informação para os veículos ao contratar jornalistas para fazer a ponte com a imprensa.

∴ Jornalismo, o filho ilustre do Iluminismo

O jornalismo é apontado por vários estudiosos da História da Imprensa, a exemplo de Ciro Marcondes Filho (2002), como filho legítimo da Revolução Francesa (1789-1799) e do Iluminismo, período histórico marcado pelo desejo fugir ao legado de tirania e superstição da Idade Média. Os valores iluministas consistiam em trazer o conhecimento à luz, desvelar o que havia de interesse público e que ainda não fosse conhecido. Imagine o tamanho do desafio dos jornalistas ao se confrontarem com os interesses dos proprietários de jornais que queriam lucrar com a venda dos jornais ou com os anúncios que dividem espaço com as notícias.

> **Qual é o papel de cada setor na estrutura organizacional da empresa jornalística?**
>
> Veja uma síntese:
> - Editorial – Responsável pelo conteúdo jornalístico, dando o direcionamento da cobertura por meio de sua linha ideológica.
> - Comercial – Responde pela sustentação econômica da empresa. Capta anúncios, vende assinaturas e classificados, atende anunciantes e agências de publicidade.
> - Administrativo/financeiro – Responsável pela contabilidade e pelos recursos humanos da empresa.

- Tecnologia – Cuida dos equipamentos, dá suporte técnico e trabalha em inovações.
- *Marketing* – Trabalha a marca da empresa, realiza campanhas, faz eventos e promoções.
- Logística/circulação – No caso dos meios impressos, faz os jornais e as revistas chegarem ao consumidor e aos pontos de venda.

∴ Teoria organizacional

No estudo "Controle social da redação: uma análise funcional", o sociólogo norte-americano Warren Breed diz que, diante das pressões internas, o jornalista se resigna com a política editorial da organização em que trabalha e põe suas crenças e expectativas em segundo plano. "Basicamente, a aprendizagem da política editorial é um processo através do qual o novato descobre a interioriza os direitos e as obrigações do seu estatuto, bem como as suas normas e valores. Aprende a antever aquilo que se espera dele, a fim de obter recompensas e evitar penalidades" (Breed, 1955/1993, p. 155, citado por Traquina, 2005, p. 153).

Breed (1955/1993, p. 155, citado por Traquina, 2005) indica seis fatores de conformismo:

1. autoridade institucional: o jornalista teme punições, como perder espaço, ter matérias vetadas;
2. obrigação e estima para com os superiores: criam-se laços de amizade e respeito;
3. aspiração de mobilidade: o jornalista evita contestar visando à promoção;
4. ausência de grupos de lealdade em conflito: risco de isolamento na redação;
5. prazer da atividade: o jornalista gosta do que faz;
6. a notícia como valor: as notícias são valiosas e, por isso, o jornalista procura se harmonizar com a empresa para atender seu público.

∴ Cargos, funções e rotinas nas redações

"Você é jornalista? Mas eu nunca vi você na televisão". Muitos jornalistas já ouviram algo parecido ao apresentar suas credenciais profissionais. Muita gente não sabe, mas há muitas outras funções em uma empresa jornalística além do repórter e do apresentador de TV, que são os cargos de maior visibilidade para o público. Embora as redações estejam cada vez mais enxutas e muitos cargos comecem a se fundir, as funções ainda são bem diversificadas. Essa fusão de cargos, é bom que se diga, requer do jornalista a habilidade para transitar por diversas atividades em sua jornada de trabalho.

Redação é a sala principal dentro da empresa onde funciona o departamento de jornalismo, onde ficam computadores, impressoras, telefones, mesas e equipamentos para o trabalho interno dos jornalistas. A redação está presente em todo veículo que produz conteúdo noticioso, seja jornal, revista, TV, rádio, portal de notícias ou agência de notícias. Conforme o tipo de empresa, a estrutura inclui salas anexas, como salas para edição e estúdios, no caso das televisões e rádios. Até o advento das câmeras digitais, os jornais também tinham locais específicos para revelar fotos.

Luiz Caversan (2009) sintetiza em três grupos as funções dos jornalistas em uma redação: 1) o pessoal do texto, formado por repórteres e editores; 2) o pessoal da imagem, formado por fotógrafos, ilustradores, diagramadores e cinegrafistas, no caso da TV; 3) o pessoal que diz o que pensa, formado pelos colunistas e articulistas, que cuidam dos textos de opinião. Cada um tem sua função no processo de produção jornalística, e acima de todos eles há uma chefia.

Vejamos o papel de cada um.

Repórter

É a função pela qual todo jornalista começa na profissão e também a que mais dá visibilidade quando bem executada, pois é um trabalho fundamental para a existência do jornalismo. Contudo, está na base da pirâmide de uma redação e acaba sendo o menos valorizado e remunerado na maioria dos casos (embora haja muitos repórteres que acumulem experiência ao longo do tempo e sejam bem pagos por isso). A razão para a baixa remuneração se deve ao fato de sua atividade ser considerada a mais elementar e os chefes acima dele comandarem seu trabalho. Mas, sem o repórter, não existe jornalismo. É ele quem vai para a rua, presencia os acontecimentos, faz entrevistas, checa as informações e depois relata os fatos ao público. Por isso, um bom repórter precisa saber e gostar de fazer perguntas. Deve ser curioso e superar a timidez para investigar, tirar dúvidas e confrontar a fonte da informação se necessário. Depois de concluir essas etapas do processo de produção jornalística, precisa pôr em prática sua capacidade de escrever bem, de transformar cada informação em uma narrativa envolvente, com frases claras e bem construídas, de forma a não deixar o público com dúvidas sobre o assunto.

O fotógrafo e o cinegrafista têm papel fundamental na construção da notícia e também são considerados repórteres, ainda que nem sempre sejam jornalistas por formação (embora o ideal é que sejam).

Pauteiro

É quem define os assuntos a serem cobertos pelo veículo de imprensa, que diz para o repórter qual será o assunto da reportagem, o horário da pauta, o local da entrevista e quem deve ser ouvido. O repórter pode e deve sugerir assuntos, mas é o pauteiro quem faz os agendamentos. Pauteiro, portanto, é aquele que faz a pauta. A pauta é o roteiro que vai orientar o repórter na produção da matéria. O pauteiro, que na TV é chamado de *produtor*, precisa deixar tudo agendado para o repórter e reunir as informações necessárias para embasar as perguntas aos entrevistados e para a produção do texto. O pauteiro trabalha dentro da redação e seu trabalho é fundamental para o resultado final do jornal que será impresso ou que vai ao ar no portal, na TV ou no rádio. No Brasil, o salário do pauteiro é, em média, 30% maior do que o do repórter.

Editor

Na hierarquia da redação, o editor está acima do pauteiro porque a seleção dos assuntos que serão cobertos pelo veículo de imprensa dependerá do aval do editor. *Editar* significa selecionar. É este o papel de tal profissional. Ele participa do processo de seleção dos assuntos e da maneira como o tema será abordado, coordena o trabalho do repórter, orienta sobre as direções do texto e depois avalia o material produzido. A atribuição do editor é gerenciar o conteúdo da matéria e, para isso, precisa selecionar trechos, excluir frases, acrescentar outras e cortar partes da matéria, o que nem sempre agrada aos repórteres. Na maioria das vezes, em especial na TV, não é o repórter que define o que vai fazer. Também é ele quem define os títulos das matérias e os demais elementos textuais que ajudarão na compreensão do assunto, como antetítulos (também chamados de *chapéu*) e subtítulos (conhecidos como *gravata*), além de fazer a seleção e as legendas das fotos. Os jornais maiores dispõem de um editor para cada área de cobertura. Por exemplo, editor de política, editor de esportes, editor de cotidiano, editor de cultura. Em veículos menores, um editor pode responder por mais de uma área.

Ele pode ter um pauteiro para cada *editoria* (como são chamadas essas separações por assunto) ou um pauteiro para toda a redação. Isso varia de acordo com o porte da empresa. No caso de um telejornal, é o editor quem fará a montagem da matéria a partir das imagens do cinegrafista e do texto do repórter. Quanto ao salário, os editores também recebem aproximadamente 30% a mais do que os repórteres.

Editor-chefe

Em algumas empresas, são chamados de *secretários de redação* ou *editores-executivos*. O termo muda conforme o veículo, mas a função é a mesma: coordenar o trabalho dos editores. Ele comanda as reuniões de pauta e indica o que deve ser prioridade na cobertura do dia, muda o enfoque de algumas pautas e até derruba algumas delas. Em sintonia com o chefe de redação, que está acima dele, determina também os assuntos de primeira página e como deve ser organizada a edição para a publicação ou veiculação. Como se trata de chefia, a questão salarial varia muito. Mas, em geral, o editor-chefe recebe pelo menos 60% a mais do que um repórter em início de carreira, segundo a Federação Nacional dos Jornalistas (Fenaj).

Diretor de redação

É o cargo mais alto em uma redação e define a visão e os enfoques a serem dados a cada notícia conforme a linha editorial estabelecida pelos proprietários ou pelo conselho editorial, no caso dos veículos que dispõem de um. Em síntese, o diretor é o jornalista responsável por coordenar todo o trabalho da redação e as demais funções no processo de produção jornalística. A palavra final é dele e sua forma de conduzir o trabalho está geralmente ligada à direção do veículo de imprensa.

Conselho editorial

Alguns veículos de imprensa dispõem de um conselho editorial, composto de jornalistas e não jornalistas. "Na Folha, seus membros são convidados pelos acionistas da Empresa Folha da Manhã S.A. Sua função é avaliar o desempenho da Folha, discutir sua linha editorial e examinar projetos que lhe sejam apresentados" (Folha de São Paulo, 2015). Ainda de acordo com esse manual de redação, em situação excepcional, o conselho editorial pode ser convidado a opinar sobre o comportamento a ser seguido pelo jornal em determinadas coberturas.

Ciro Marcondes Filho, na obra *Comunicação e jornalismo: a saga dos cães perdidos*, distingue cinco épocas do jornalismo num esquema evolutivo:

Pré-história do jornalismo: De 1631 a 1789.	Caracterizada por uma economia elementar, produção artesanal e forma semelhante ao livro.
Primeiro jornalismo: 1789 a 1830.	Caracterizado pelo conteúdo literário e político, com texto crítico, economia deficitária e comandado por escritores, políticos e intelectuais.
Segundo jornalismo: 1830 a 1900.	Chamada de imprensa de massa, marca o início da profissionalização dos jornalistas, a criação de reportagens e manchetes, a utilização da publicidade e a consolidação da economia de empresa.
Terceiro jornalismo: 1900 a 1960.	Chamada de imprensa monopolista, marcada por grandes tiragens, influência das relações públicas, grandes rubricas políticas e fortes grupos editoriais que monopolizam o mercado.
Quarto jornalismo: de 1960 em diante.	Marcada pela informação eletrônica e interativa, como ampla utilização da tecnologia, mudança das funções do jornalista, muita velocidade na transmissão de informações, valorização do visual e crise da imprensa escrita.

Fonte: Marcondes Filho, 2000, citado por Pena, 2008, p. 32-33.

1.5
A redação está mudando

A estrutura organizacional das empresas de comunicação e os modos de produção no jornalismo logicamente não são iguais aos dos primeiros jornais do século XVII. Depois de um longo período de produção artesanal, com um número bastante restrito de pessoas, quando não por uma só pessoa, apenas entre 1830 e 1900, a imprensa começou a se profissionalizar e nasceu, então, a figura do repórter nas redações. Naquela fase em que Ciro Marcondes Filho chama de "Quarto jornalismo", a tecnologia introduziu a informação eletrônica e interativa nas redações e começou aos poucos uma mudança nas funções dos jornalistas.

Desde então a evolução no jornalismo foi tão rápida que muito provavelmente já estejamos vivendo o "Quinto jornalismo". Em artigo publicado na *Revista de Jornalismo ESPM* n. 8, de 2014, o jornalista Carlos Eduardo Lins da Silva (2014, p. 10) observa como o organograma da redação está mudando: "Durante as muitas décadas em que a maneira de fazer jornalismo no mundo ocidental teve sucesso e garantiu negócios lucrativos a quem nele empreendia, não havia necessidade – nem muita disposição – para mudar processos, métodos e formas de organização".

O organograma de uma empresa jornalística permaneceu inalterado durante quase todo o século XX, lembra o autor, dividido em quatro grandes setores: redação, publicidade, circulação e industrial. "E, na redação: pauteiro, repórter, repórter fotográfico (ou cinegrafista), redator, diagramador, editor, secretário de redação, editor-chefe" (Silva, 2014, p. 10). A reação estrutural diante do avanço da internet foi lenta e, segundo o autor, só na terceira década dessa revolução a categorização dos profissionais de jornalismo começou a sofrer algumas mudanças.

Gradativamente, novas funções vêm ganhando espaço nas redações. Silva (2014) enumera cinco delas, às vezes com nomenclaturas diversas: *produtor, infografista, gerente de dados, jornalista de multimídia visual* e *gerente de comunidades*.

> Nas redações dos Estados Unidos, por exemplo, já é comum a figura do **produtor**, que até o fim do século passado era quase inexistente. O produtor monta um "pacote" para uma reportagem ou matéria a ser disseminada em qualquer 'plataforma'. Lembra o pauteiro, mas faz muito mais do que este fazia. (Silva, 2014, p. 10, grifo nosso)

Embora já existisse em algumas redações nos anos 1990, lembra o autor, o **infografista** era um solene desconhecido, não raro tido como ajudante do diagramador. Hoje, pela capacidade de simplificar em gráficos e imagens informações mais complexas, ele se tornou um dos profissionais mais requisitados e importantes em boa parte das redações. Da mesma forma, o **gerente de dados** passou a ser muito valorizado por ser capaz de lidar com bases de dados e números que ajudam na construção de notícias.

Já o repórter fotográfico está perto de desaparecer, lembra Lins da Silva, pois, em seu lugar, entra o **jornalista de multimídia visual**, que fotografa, filma, faz gráficos, índices, mapas e também escreve. Outra nova profissão identificada pelo autor é a de **gerente de comunidades**, que monitora as redes sociais e tenta mobilizar o público que se comunica com o veículo por esses meios.

∴ Reflexos da era digital nas redações

As novas tecnologias acrescentaram novas técnicas e ferramentas de trabalho no processo de produção jornalística, como já vimos. Mas não foi só isso. Elas trouxeram também novos hábitos ao consumo da informação. Esse conjunto de fatores tem levado a uma reorganização das redações. No caso dos veículos tradicionais de imprensa (jornal impresso, TV, rádio, revista) e que, portanto, não são exclusivamente *web*, as redações podem apresentar três configurações:

- **Integrada** – Os jornalistas são os mesmos e trabalham em todas as plataformas, com uma equipe mais específica para *web* ou pessoas eventualmente escaladas para trabalhos mais específicos.

- **Semi-integrada** – Jornalistas se comunicam com frequência, trocam material, ajudam-se e eventualmente fazem trabalhos em conjunto.
- **Independente** – Redações totalmente separadas, com pouca ou nenhuma comunicação entre elas.

No caso de veículos exclusivamente *web*, nascidos no meio digital, notamos as seguintes características:

- Redação independente.
- Estrutura de decisões mais horizontalizada se comparada aos veículos tradicionais.
- Os webjornalistas precisam ser versáteis para trabalhar com texto, *links*, buscas, imagem, TV (vídeos), rádio (*podcasts*) e mídias sociais.
- Profissionais de outras áreas, como Tecnologia da Informação, especialistas em programação (aplicativos) ou *hackers*, estão sendo integrados em redações *web*.
- Os jornalistas que trabalham na *web* desempenham funções semelhantes às dos profissionais das outras diferentes mídias.

A nova realidade das redações com as novas tecnologias também levou a algumas mudanças não só no processo de apuração e produção da notícia, mas também na forma de gerenciamento do conteúdo informativo. Vejamos algumas diferenças para os jornalistas nos meios tradicionais e nos meios nativos digitais.

Mídias tradicionais

- No jornal impresso, o repórter apura as informações para as notícias ou reportagens, faz entrevistas e escreve o texto a ser entregue.
- No rádio, o repórter apura as informações, faz as entrevistas e as locuções baseadas em texto.
- Na TV, o repórter apura as informações, faz as entrevistas, as locuções e as passagens com o cinegrafista.

Webjornalismo

- Na *web*, além do mesmo trabalho de levantamento de informações e entrevistas, o repórter deve pensar também em como oferecer ao internauta opções de *links*, imagens e/ou ilustrações e/ou vídeos.
- Assim, o repórter de *web* pode incorporar funções de diferentes mídias. Além disso, deve redigir a matéria ou reportagem pensando no SEO (*Search Engine Optimization*), ou seja, na maneira como seu material será mais facilmente lido e encontrado na internet pelas ferramentas de busca. Também se preocupa com a distribuição do trabalho pelas redes sociais.

Síntese

Quem pretende ser jornalista precisa saber que são os interesses de mercado que regem grande parte da produção da notícia. Nesse contexto, cabe lembrar que o jornalismo é apenas um dos departamentos nessas organizações, juntamente com os setores jurídico, comercial, administrativo, entre outros. Cada um deles acaba exercendo certa influência no fazer jornalístico. Acima de todos eles, no entanto, estão os donos da empresa, que, em última análise, determinam a linha editorial do veículo.

Ainda que a produção de conteúdo jornalístico seja a atividade-fim da maioria dessas empresas, elas dependem desses departamentos para dar suporte ao Departamento de Jornalismo. Nessa estrutura, a diretoria da empresa é formada geralmente pelos proprietários, acionistas ou executivos contratados para gerir a organização. Os diretores estão no topo do organograma porque comandam os outros departamentos. As decisões tomadas nos demais setores, e muitas vezes inclusive no jornalismo, precisam ser aprovadas pela direção.

Muitos estudiosos do jornalismo têm um ponto de concordância ao afirmar que a visão de mundo e a ideologia dos proprietários ou diretores de uma empresa de comunicação têm influência direta na atividade jornalística, na seleção dos fatos a serem noticiados e até mesmo na forma de escrever os textos.

A essa influência da empresa sobre a atividade do jornalista dá-se o nome de *teoria da organização* ou *teoria organizacional*.

Redação é a sala principal na empresa onde funciona o departamento de jornalismo, onde ficam computadores, impressoras, telefones, mesas e equipamentos para o trabalho interno dos jornalistas. A redação está presente em todo veículo que produz conteúdo noticioso – jornal, revista, TV, rádio, portal de notícias ou agência de notícias. Conforme o tipo de empresa, a estrutura inclui salas anexas, como salas para edição e estúdios, no caso das televisões e rádios. Até o advento das câmeras digitais, os jornais também tinham locais específicos para revelar fotos.

Luiz Caversan (2009) sintetiza em três grupos as funções dos jornalistas em uma redação:

1. o pessoal do texto, formado por repórteres e editores;
2. o pessoal da imagem, formado por fotógrafos, ilustradores, diagramadores e cinegrafistas, no caso da TV;
3. o pessoal que diz o que pensa, formado pelos colunistas e articulistas, que cuidam dos textos de opinião. Cada um tem sua função no processo de produção jornalística e acima de todos eles há uma chefia.

O organograma de uma empresa jornalística permaneceu inalterado durante quase todo o século XX, dividido em quatro grandes setores: redação, publicidade, circulação e industrial. No caso da redação havia o pauteiro, o repórter, o repórter fotográfico (ou cinegrafista), o redator, o diagramador, o editor, o secretário de redação e o editor-chefe, segundo Silva (2014). A reação estrutural diante do avanço da internet foi lenta e, segundo esse autor, só na terceira década dessa revolução a categorização dos profissionais de jornalismo começou a sofrer algumas mudanças.

Gradativamente, novas funções vêm ganhando espaço nas redações. Silva (2014) enumera cinco dessas funções, às vezes com nomenclaturas diversas: *produtor, infografista, gerente de dados, jornalista de multimídia visual* e *gerente de comunidades*.

Estudo de caso

Muitas vezes, acontece de um jornalista ser demitido por contrariar o patrão ou a linha editorial do veículo onde trabalha. Não à toa, o respeito à autoridade institucional é o primeiro dos seis fatores de conformismo do jornalista elencados pelo sociólogo norte-americano Warren Breed. Caberia aqui o velho ditado "manda quem pode, obedece quem tem juízo". Isso não significa, claro, acatar passivamente aquilo que lhe parece injusto. Mas este é o princípio da teoria organizacional: o patrão sempre dá a palavra final.

O livro *Chatô – O rei do Brasil* (Morais, 2011) traz um exemplo clássico de como funciona a teoria organizacional. Fernando Morais relata que, na noite de Natal de 1959, o magnata da comunicação Assis Chateaubriand brigou com seu amigo e principal repórter, David Nasser, porque o jornalista atacava a construção de Brasília em seus artigos na revista *O Cruzeiro*. O diálogo entre patrão e empregado é bastante elucidativo.

— Todo mundo já reconhece a grandeza de Brasília, de Furnas, de Três Marias. Só você insiste em ser contra, turco maldito. Só você, com esse seu eterno pessimismo. Por quê? Por que não muda de ideia, como eu mudei?

— Porque tenho a minha opinião.

— Opinião? Se você quer ter opinião, compre uma revista. (Morais, 2011, p. 18)

Embora pareça inusitada, essa conversa retrata o que acontece nas redações, ainda que nem sempre sejam necessárias palavras para deixar claros os propósitos de quem manda. O respeito à autoridade institucional descrito por Breed segue uma hierarquia do micro ao macropoder. O repórter está subordinado ao editor, que segue as orientações do editor-executivo, que se reporta ao diretor de redação, que, por sua vez, obedece ao patrão.

Outro magnata das comunicações não deixou por menos ao exercer o poder que seus meios de imprensa lhe conferiam. "Com a expansão dos seus negócios, o poder de Roberto Marinho cresceu junto. Ele exerceu esse poder fazendo e desfazendo ministros, ao mesmo tempo que lutava para que políticos e militares não entrassem nos domínios dele" (Conti, 1999, p. 161-162).

> Noutra ocasião, Juracy Magalhães, ministro da Justiça do presidente Castelo Branco, convocou uma reunião com donos de jornais do Rio e de São Paulo, e os conclamou para demitirem os comunistas das redações. "Ministro, essa conversa não tem cabimento", disse-lhe Roberto Marinho. "Nos meus comunistas mando eu: eles escrevem o que eu quero". (Conti, 1999, p. 162)

Era notória a contrariedade de Roberto Marinho à candidatura de Luiz Inácio Lula da Silva e de Leonel Brizola à Presidência em 1989 (Conti, 1999), o que teria algum reflexo no segundo turno com a edição pelo *Jornal Nacional* do debate entre Lula e Fernando Collor. Isso ficou claro numa conversa telefônica entre o empresário e o então diretor de telejornais da Rede Globo, Alberico Souza Cruz. "O dono da Globo não gostara da versão do debate apresentada pelo *Hoje* [o telejornal do início da tarde]. 'O Collor ganhou e a edição foi favorável ao Lula. Isso é inadmissível para os padrões da Globo. Faça a matéria correta', disse Roberto Marinho" (Conti, 1999, p. 267).

O chefe de Jornalismo da Globo, Francisco Vianey Pinheiro, assistiu ao debate entre Collor e Lula e depois à matéria no *Hoje*. "Pinheiro viu um trecho da nova edição e ficou possesso. Considerou que a nova versão mostrava Collor massacrando Lula e achava que isso não acontecera no debate" (Conti, 1999, p. 268).

> Na condensação do Jornal Nacional, Lula falou sete vezes. Collor, oito: teve direito a uma fala a mais que o adversário. No total, Lula falou 2min22. Collor, 3min34: 1min12 a mais que o candidato do PT. No resumo do JN, Collor foi o tempo todo sintético e enfático, enquanto Lula apareceu claudicante, inseguro e trocando palavras. [...] dar 1min12 a mais para Collor foi uma maneira clara de privilegiá-lo. (Conti, 1999, p. 269-270)

Segundo Conti, a responsabilidade pela edição foi de Alberico Souza Cruz e Ronald Carvalho, então diretor de Política da Rede Globo. A sombra do poder do patrão, no entanto, pode ter tido algum efeito no episódio. Roberto Marinho nem sempre era direto em suas ordens. De acordo com o autor, "nunca foi de encomendar matérias nas editorias de Economia ou em Política, mas seu diretor de redação entendia muito bem quem eram os políticos que o patrão admirava" (Conti, 1999, p. 160-161). Isso ajuda a explicar a forma como Alberico Souza Cruz e Ronald Carvalho interpretaram a ligação do patrão ao primeiro deles.

Perguntas & respostas

Qual é o papel de um repórter dentro de uma redação?
Sem o repórter o jornalismo não existiria. É ele quem vai para a rua, presencia os acontecimentos, faz entrevistas e checa as informações para depois relatar ao público.

Quais são as responsabilidades de um editor?
Ele participa do processo de seleção dos assuntos, sugere a melhor abordagem, coordena o trabalho do repórter e depois avalia o material produzido. Faz títulos, corrige eventuais erros do repórter, seleciona as melhores partes do texto, do áudio ou do vídeo e decide como a matéria será apresentada ao público.

O que é conselho editorial?
Nem todos os veículos dispõem de um. É formado por jornalistas e não jornalistas, cuja função é avaliar o conteúdo do veículo, discutir a linha editorial e, se for o caso, opinar sobre o comportamento a ser seguido pelo veículo em determinadas coberturas.

Qual o impacto das novas tecnologias no trabalho do repórter fotográfico?
Esse profissional está se vendo obrigado a se adaptar aos novos tempos para sobreviver no mercado. Está tendo de se transformar em um jornalista de multimídia visual,

que fotografa, filma, faz gráficos, índices, mapas e também escreve.

Questões para revisão

1. O organograma de uma empresa jornalística permaneceu inalterado durante quase todo o século XX, dividido em quatro grandes setores: redação, publicidade, circulação e industrial. "E, na redação: pauteiro, repórter, repórter fotográfico (ou cinegrafista), redator, diagramador, editor, secretário de redação, editor-chefe" (Silva, 2014, p. 10). A reação estrutural diante do avanço da internet foi lenta. Gradativamente, novas funções vêm ganhando espaço nas redações. Quais são essas novas funções e qual o papel de cada uma dentro de uma empresa de produção de conteúdo jornalístico?

2. O jornalismo é apontado por vários estudiosos da História da Imprensa, a exemplo de Ciro Marcondes Filho (2002), como filho legítimo da Revolução Francesa (1789-1799) e do Iluminismo. O que foi o Iluminismo? Qual tipo de ruptura significou essa revolução do ponto de vista histórico e quais valores iluministas contribuíram para o desenvolvimento do jornalismo?

3. Em *Controle Social da redação: uma análise funcional*, o sociólogo norte-americano Warren Breed diz que, diante das pressões internas, o jornalista se resigna com a política editorial

da organização em que trabalha e põe suas crenças e expectativas em segundo plano. Nesse contexto da teoria organizacional, por que o jornalista age dessa maneira?

a) Percebe que o interesse público sempre estará em primeiro plano na empresa jornalística.

b) Não importa o que aconteça, os chefes sempre terão razão.

c) Aprende a antever aquilo que se espera dele, a fim de obter recompensas e evitar penalidades.

d) O mais importante é manter a harmonia no local de trabalho, por isso não convém ficar arrumando confusão.

e) Os leitores/ouvintes/telespectadores não querem saber se o jornalista pensa diferente do patrão.

4. As novas tecnologias levaram a mudanças não só no processo de apuração e produção da notícia, mas também na forma de gerenciamento do conteúdo informativo. Veja algumas diferenças para os jornalistas nos meios tradicionais e nos meios nativos digitais e aponte a alternativa **incorreta**.

a) No jornal impresso, o repórter apura as informações para as notícias ou reportagens, faz entrevistas e escreve o texto a ser entregue.

b) No rádio, o repórter apura as informações, faz as entrevistas e as locuções baseadas em texto.

c) Na TV, o repórter apura as informações, faz as entrevistas, locuções e passagens junto com o cinegrafista.

45 Estrutura das empresas jornalísticas

d) Na *web*, além do levantamento de informações e entrevistas, o repórter deve pensar em como oferecer ao internauta opções de *links*, imagens e/ou ilustrações e/ou vídeos. Assim, incorpora funções de diferentes mídias.

e) O repórter de *web* não precisa sair nunca da redação para fazer seu trabalho.

5. O jornalismo é apenas um dos departamentos dentro de uma organização de comunicação. Os demais acabam exercendo certa influência na atividade jornalística, embora cada um deles tenha uma função específica e dê suporte ao jornalismo.

Os departamentos _____ e de _____ respondem pelo posicionamento da empresa no mercado e pela captação de anunciantes. O departamento _____ dá suporte ao setor de jornalismo, pois cuida do almoxarifado, do transporte, das compras de material e dos pagamentos. O departamento _____ avalia os riscos de reportagens resultarem em processos contra o veículo. O departamento de _____ cuida do acesso à internet, e da manutenção do *site* ou do canal de TV no ar. Por fim, o departamento de _____, também chamado de *logística*, é mais comum nos meios impressos, para distribuir o jornal ou a revista aos assinantes.

Marque a alternativa que preencha corretamente as lacunas do texto:

a) Televendas, marketing, jurídico, circulação, tecnologia.
b) **Assessoria, administrativo/financeiro, jurídico, tecnologia, circulação.**
c) **Comercial, marketing, administrativo/financeiro, jurídico, tecnologia, circulação.**
d) Relacionamento com o cliente, vendas, jurídico, marketing, tecnologia, circulação.
e) Comercial, marketing, administrativo, prospecção de mercado, jurídico, circulação.

Questões para reflexão

1. Warren Breed indica seis fatores que levam o jornalista ao conformismo: autoridade institucional, obrigação e estima pelos superiores, aspiração de mobilidade, ausência de grupos de lealdade em conflito, prazer da atividade e a notícia como valor. Reflita sobre como essa questão pode afetar o processo de produção da notícia e depois elabore uma síntese.

2. Com base na leitura deste capítulo, escreva um texto apontando as diferenças de atribuições de um repórter, de um editor e de um editor-executivo em uma redação. Busque compreender por que existe esse tipo de estrutura em uma empresa de comunicação.

Capítulo
02

Notícia ou reportagem?

Conteúdos do capítulo:

- Diferenças entre notícia e reportagem.
- Gancho jornalístico.
- Lide, a porta de entrada para o texto.
- Entrevista jornalística.
- Critérios de noticiabilidade.
- Teoria do *gatekeeper*.

Após o estudo deste capítulo, você será capaz de:

1. distinguir tecnicamente notícia e reportagem;
2. identificar e usar o gancho jornalístico;
3. reconhecer e aplicar o lide como introdução ao texto jornalístico;
4. listar os principais critérios de noticiabilidade e explicar seu uso em jornalismo;
5. conceituar a teoria do *gatekeeper* e identificar quem decide qual acontecimento vai virar notícia.

2.1
Diferenças entre notícia e reportagem

O texto jornalístico é um produto industrial, por ser produzido em grande escala e com rapidez, destinado ao consumo de massa de forma imediata. Em geral, sua vida útil é curta, dado que uma informação que hoje é importante amanhã pode não ser mais. Para ser eficiente, o texto jornalístico geralmente é elaborado de forma rígida e com linguagem simplificada, seguindo uma estrutura-padrão.

Há várias maneiras de fazer um texto jornalístico. Para isso, existem os gêneros nos quais se enquadram os discursos jornalísticos conforme o propósito do autor ou do veículo de imprensa pelo qual será veiculado. Vamos nos ater à conceituação e à diferenciação dos dois tipos de texto mais presentes no cotidiano das redações: a notícia e a reportagem. Ambas têm pontos em comum e também divergentes.

Tanto a reportagem quanto a notícia têm como objetivo levar assuntos de interesse público a seus leitores, ouvintes, telespectadores. Elas se assemelham basicamente por aspectos estruturais, pois tanto uma como outra precisam de um título, de um lide e de um corpo do texto. Embora sejam semelhantes em sua estrutura básica, notícia e reportagem se diferenciam no modo como são produzidas, no conjunto de informações que cada uma contém e em sua forma de apresentação ao público.

A **notícia** é a base do jornalismo, é um relato simples e direto de um acontecimento publicado na imprensa. Apenas informa por meio de um texto neutro, isento de opiniões, e demonstra somente os fatos, por não se aprofundar na análise dos acontecimentos. Na maioria dos casos, a notícia não permite um texto original ou criativo. A reportagem, por sua vez, exige um texto um pouco mais complexo, com uma narrativa que aborda as origens e consequências de um fato.

A **reportagem** requer um aprofundamento na cobertura, com uma visão mais ampla do assunto e uma estrutura textual menos rígida do que a da notícia. Esse gênero jornalístico pode comportar análise de dados, entrevistas, opiniões e interpretações do autor. Em última análise, pode-se dizer que a notícia lida com os fatos, enquanto a reportagem lida com assuntos e **abordagens que amplificam a compreensão desses fatos.**

Vejamos o que dizem alguns autores sobre os aspectos que diferenciam a reportagem da notícia:

> A nota corresponde ao relato de acontecimentos que estão em processo de configuração e por isso é mais frequente no rádio e TV. A notícia é o relato integral de um fato que já eclodiu no organismo social. A reportagem é o relato ampliado de um acontecimento que já repercutiu no organismo social. (Melo, 2003, p. 65)

Como menciona Shapiro (2014), há uma faixa reduzida de elementos para identificar a função jornalística. Zelizer define o jornalismo como "a coleta organizada e pública, o processamento e a distribuição de notícias e material de atualidade" e a notícia como "novas informações sobre um evento ou questão que é compartilhada com os outros de forma sistemática e pública" (Zelizer; Allan, 2010, p. 62-63, 80, citados por Shapiro, 2014, p. 557).

Vamos à definição de *notícia*, fenômeno apontado por Gislene Silva (2009) como o objeto de estudo da ciência jornalística. A autora propõe um "conceito expandido de notícia", o qual responderia à particularidade desse objeto, e o define como "as características observáveis do jornalismo real, praticado dia a dia" (Silva, 2009, p. 13). Para a autora:

(51) Notícia ou reportagem?

notícia é a socialização de quaisquer informações de caráter público, atual e singular e que atende a diferentes interesses. Com efeito, o jornalismo:

(1) transmite informações sobre qualquer assunto ou acontecimento: política, arte, ciência, entretenimento, economia, catástrofes, etc. fazendo circular conhecimentos múltiplos.

(2) torna públicas as informações, faz saber a muitos.

(3) informa sobre temas e acontecimentos atuais, sejam o tempo presente ou passado e que vieram à luz recentemente.

(4) para socializar informações, ele faz uso de linguagens, narrativas e simbologias (as estéticas de texto, imagem e som) e técnicas modelares.

(5) salienta do universo social vivido fenômenos singulares, ao mesmo tempo únicos e exemplares (ocorrências passíveis de observação ou questões manifestas à consciência).

(6) para transmitir utiliza diferentes aparatos, com tecnologias sofisticadas ou não.

(7) para socializar informações, exige trabalho e organização, sendo, portanto, uma mercadoria.

(8) ao selecionar informações, ele faz uso de seus próprios interesses.

(9) dirige informações a diferentes públicos, dada a heterogeneidade dos receptores, que por sua vez respondem por interesses também diversos.

(10) ao socializar informações colhidas na própria sociedade, ele mesmo é objeto de interesses externos (empresas, governo, pessoas comuns). (Silva, 2009, p. 13-14, grifo do original)

Nilson Lage (2005) entende a reportagem como algo que possibilite uma compreensão mais abrangente de um assunto de interesse com o maior número possível de dados. "A intensidade, profundidade e autonomia do jornalista no processo de construção da matéria são, por definição, maiores na reportagem do que na notícia" (Lage, 2005, p. 139).

O autor aponta ainda a atemporalidade como elemento diferencial. Salienta que o imediatismo característico da notícia é menos importante em uma reportagem, tendo em vista que muitas delas são produzidas muito tempo depois dos fatos a que se reportam. Segundo o autor, na prática, a diferença entre uma e outra começa pela pauta. Na comparação, "reportagem supõem outro nível de planejamento" (Lage, 2006, p. 55).

Há reportagens em que predominam a investigação e o levantamento de dados; em outras, destaca-se a interpretação. O jornalismo interpretativo esteve muito em moda, mas está longe de ser panaceia para a crise dos veículos impressos. A interpretação é sempre feita a partir de uma perspectiva (econômica, jurídica etc.), o que a torna uma espécie de aplicação de um conhecimento ao caso prático. Além disso, envolve métodos de análise (na economia, há interpretações estruturalistas, monetaristas etc.). (Lage, 2006, p. 55-56)

Para esse autor, a reportagem interpretativa está a um passo do artigo, razão pela qual é muito apreciada nos meios acadêmicos. Dessa constatação, ele tira uma conclusão e faz uma advertência:

> A interpretação envolve, afinal, certa competência analítica que poucos realmente têm e muitos, por presunção, se atribuem. De qualquer maneira, existe sempre alguma interpretação nas reportagens. O importante é que se respeitem os fatos, dos quais não se pode discordar, e se dê ao leitor, com humildade, o direito de avaliá-los segundo seu próprio repertório, seus valores. (Lage, 2006, p. 56)

No livro *Teoria do jornalismo*, Felipe Pena (2008) descreve o quadro comparativo entre notícia e reportagem proposto pelo professor João de Deus Corrêa, contidas em suas apostilas de 35 anos de profissão e 20 de magistério.

Quadro 2.1 – Diferenças entre *notícia* e *reportagem*

A notícia apura os fatos	A reportagem lida com assuntos sobre fatos
A notícia tem como referência a imparcialidade	A reportagem trabalha com o enfoque, a interpretação
A notícia opera em um movimento típico da indução (do particular para o geral)	A reportagem, com a dedução (do geral, que é o tema, ao particular – os fatos)
A notícia atém-se à compreensão imediata dos dados essenciais	A reportagem converte fatos em assunto, traz a repercussão, o desdobramento, aprofunda
A notícia independe da intenção do veículo (apesar de não ser imune a ela)	A reportagem é produto da intenção de passar uma "visão" interpretativa
A notícia trabalha muito com o singular (ela se dedica a cada caso que ocorre)	A reportagem focaliza a repetição, a abrangência (transforma vários fatos em tema)
A notícia relata formal e secamente – a pretexto de comunicar com imparcialidade	A reportagem procura envolver, usa a criatividade como recurso para seduzir o receptor
A notícia tem pauta centrada no essencial que recompõe um acontecimento	A reportagem trabalha com pauta mais complexa, pois aponta para causas, contextos, consequências, novas fontes

Fonte: Pena, 2008, p. 76.

2.1
Gancho jornalístico

Você tem uma história repleta de informações para contar, mas não sabe por onde começar? O melhor caminho é hierarquizar essas informações, estabelecendo escalas de valor para cada uma delas. Identifique a ideia-força do texto, aquela mais importante, e comece por ela, distribuindo as demais conforme a hierarquia estabelecida, partindo da mais importante para a menos importante. A informação com a qual você iniciar o texto será seu gancho.

Gancho é um jargão usado no jornalismo para determinar qual informação merece mais destaque em uma matéria, é o que justifica o texto jornalístico, não importa o meio em que será veiculado. Por exemplo, um buraco que se formou na avenida central pode ser um gancho para uma matéria mostrando as condições das ruas da cidade, ou um acidente envolvendo um ônibus pode ser o gancho para uma matéria sobre a falta de manutenção dos veículos do transporte público.

Um mesmo acontecimento pode gerar matérias com diferentes ganchos, conforme a linha editorial do veículo de imprensa. Sobre um concurso de *miss*, por exemplo, uma revista de moda usaria como gancho as tendências para o verão, uma revista de economia daria mais atenção à movimentação financeira do evento, uma revista de saúde poderia aproveitar a deixa para tratar da "ditadura da magreza" na indústria da moda. Todas as matérias partem da realização do concurso, mas com abordagens diferentes.

Todas as matérias devem ter início com um gancho jornalístico, mas ele não pode ser confundido com o tema da reportagem. A educação, por exemplo, é um tema sempre recorrente no noticiário. Mas o que exatamente vamos tratar em uma matéria sobre educação? Qual será o gancho? A evasão escolar? A falta de merenda nas escolas públicas? A falta de vagas nas creches? Um projeto inovador de ensino? Tudo isso são exemplos do que pode ser um gancho para desenvolver uma reportagem a respeito do tema da educação.

Em geral, a escolha do gancho está relacionada à ideia do que mais poderia chamar a atenção do leitor/telespectador. A noção de atualidade é o motivo mais comum na hora de selecionar um gancho, por dar a sensação de que a notícia é atual. Esse recurso não só atrai a atenção, mas também ajuda a fidelizar o leitor, mantendo-o atento à leitura no caso de ele se convencer de que está sendo bem informado.

O gancho ganhou maior importância na era das tecnologias digitais, basta ver a quantidade de matérias publicadas minuto a minuto na internet. A disputa pela atenção do leitor nesse oceano de informações requer criatividade na hora de fazer uma abertura atraente para o texto. Já os veículos mais lentos na veiculação dos acontecimentos, a exemplo dos jornais e das revistas, precisam se desdobrar em busca de um enfoque diferente para não darem notícias obsoletas perante o imediatismo da internet.

Com os novos hábitos de consumir informação, "a rotina produtiva dos webjornais forçou uma reestruturação do texto, agora mais fracionado, e exigiu que os jornalistas ampliassem sua habilidade de encontrar ganchos para essas postagens" (Bueno; Reino, 2012, p. 5). A mudança na rotina de produção tem mudado também a estrutura do texto jornalístico.

> As notícias publicadas nos webjornais costumam ser postadas com dados fracionados. A grande reportagem, de oito ou dez parágrafos, é substituída por duas ou três notas que se complementam e constroem um sentido à medida que são lidas em sequência. Desta forma, uma única apuração pode render, em números, muitas matérias. Assim exige-se do jornalista uma grande capacidade de encontrar diferentes enfoques noticiáveis numa mesma reportagem, o que no jargão jornalístico seria "encontrar ganchos variados". A máxima de que o mais importante deve estar no topo da pirâmide agora não fica muito clara. O mais importante tem de ser colocado no plural. Cada ponto "mais importante" vai se tornar uma nova matéria. (Bueno; Reino, 2012, p. 5)

No webjornalismo, predominam textos mais sintéticos, gerando desinformação com uma notícia curta e sem aprofundamento. Isso depõe contra o jornalismo em sua busca por uma consolidação como área de produção de conhecimento.

> A avalanche de notícias – muitas vezes fúteis, vazias – retransmitidas "em tempo real" superexcita o telespectador (ou o ouvinte ou o internauta) dando-lhe a ilusão de informar-se. [...] Impor à informação a velocidade da luz é confundir informação com atualidade, jornalismo com testemunho. (Ramonet, 2007, p. 111)

Pense no que você realmente quer informar, sobre o objetivo do texto. Se tiver dificuldade, uma alternativa é escrever toda a matéria e encontrar o gancho depois. Nesse caso, possivelmente será preciso reescrever a abertura da matéria. Lembre-se sempre da ideia central do texto, todos os demais parágrafos terão de confirmar o que está na abertura. Procure sempre iniciar um parágrafo tendo como gancho o parágrafo anterior. Por fim, tenha sempre em mente qual é o público-alvo da matéria.

2.2
Lide, a porta de entrada para o texto

O gancho jornalístico deve estar presente logo no primeiro parágrafo de uma matéria, que, por sua vez, se chama *lide* e tem por objetivo introduzir o leitor no texto e despertar seu interesse logo nas primeiras linhas. De acordo com o manual de redação da *Folha de S.Paulo*, essa estrutura

> Pressupõe que qualquer texto publicado no jornal disponha de um núcleo de interesse, seja este o próprio fato, uma revelação, a ideia mais significativa de um debate, o aspecto mais curioso ou polêmico de um evento ou a declaração de maior impacto ou originalidade de um personagem. (Folha de S.Paulo, 2015, p. 28)

O texto jornalístico começa sempre relatando o que há de mais importante em um fato e hierarquiza outros detalhes, do mais importante para o menos importante. A primeira parte, em geral os dois primeiros parágrafos, responde às seis perguntas fundamentais de um acontecimento: **Quem? O quê? Quando? Como? Onde? Por quê?** Essa estrutura é conhecida como *pirâmide invertida*.

Não existe um modelo-padrão sobre como deve ser redigido o texto do lide. Caberá ao jornalista encontrar alternativas para fugir da escrita burocrática e evitar o desinteresse do leitor ou dar a impressão de irrelevância da notícia. Ele deverá ter a argúcia necessária "para descobrir, no conjunto de sua apuração, aquilo que é o ponto mais forte, atual e de mais amplo interesse em relação à realidade que está vivendo" (Folha de S.Paulo, 2015, p. 29). O mesmo manual observa que, se os fatos são urgentes e fortes, eles tendem a impor ao lide um estilo mais direto e descritivo, respondendo às seis questões.

Outra forma de começar uma matéria é com o "nariz de cera", jargão jornalístico para definir o parágrafo introdutório que retarda a entrada no assunto específico. Se for essa a opção, o texto do nariz de cera terá de ser muito criativo; do contrário, o leitor dificilmente chegaria ao segundo parágrafo, onde está a notícia propriamente dita. Sem contar que, nessa estrutura textual, será impossível extrair informação para fazer um título para a matéria.

Figura 2.1 – Elementos por ordem de importância

```
          /  Quem?
   LIDE   /  O quê?
          /  Onde?
          /  Quando?
   CORPO  /  Como?
          /  Por quê?
```

Exemplo de lide clássico

O Globo

09/02/2017 13:39 atualizado 09/02/2017 17:46

'São arruaceiros que querem o tumulto', afirma Pezão sobre protesto na Alerj

[...]

RIO – Manifestantes mascarados [**quem**] entraram em confronto [**o quê**] com policiais militares em frente ao Palácio Tiradentes [**onde**], sede da Assembleia Legislativa, no Centro do Rio, na tarde desta quinta-feira [**quando**]. A confusão começou quando os manifestantes lançaram fogos e pedras [**como**] na direção dos policiais, que estavam na frente do palácio. Os agentes revidam com balas de borracha e gás lacrimogêneo. Pelo menos quatro PMs ficaram feridos e uma pessoa foi presa.

O ato é contra o projeto de privatização da Cedae [**por quê**], que faz parte de um pacote que deve ser votado pelos parlamentares. Dentro da Alerj, alguns deputados usaram máscaras de gás.

Fonte: Rodrigues, 2017.

2.3
Entrevista jornalística

A entrevista conversacional converteu-se num instrumento prestigiado desde sempre no jornalismo para a obtenção de informações. É quando no trabalho de apuração se tem como principal unidade de referência a fala do outro, um esforço para entender os sentidos dados por ele a sua relação com suas práticas sociais ou profissionais, ou para a transmissão de um conhecimento específico. Sendo a pesquisa o caminho para chegar à ciência, ao conhecimento, é nela que se utilizam diferentes técnicas e instrumentos para obter uma resposta mais precisa.

Consagrada no jornalismo como talvez a principal arma do jornalista (Karam, 2012), a pergunta é o elemento desencadeador da entrevista, que, por sua vez, é também um mecanismo de apuração de um acontecimento. Nas ciências humanas em particular, a entrevista é a principal ferramenta de trabalho de quem busca produzir conhecimento teórico (Kaufmann, 2004).

Considerando que a entrevista é um procedimento utilizado na investigação social para a coleta de dados ou para ajudar na compreensão de um fenômeno social, Maria Jandyra Cavalcanti Cunha (2012) recorre à jornalista Stela Guedes Caputo para sustentar a importância da entrevista em outros campos além do jornalismo, inclusive na pesquisa acadêmica.

"A entrevista é uma aproximação que o jornalista, o pesquisador (ou outro profissional) faz, em dada realidade, a partir de um determinado assunto e também a partir de seu próprio olhar, utilizando como instrumento perguntas dirigidas a um ou mais indivíduos" (Caputo, 2006, p. 228, citado por Cunha, 2012, p. 85).

Sobre a entrevista conversacional, Cunha (2012, p. 88) diz que, ao contrário do questionário aplicado de maneira remota, a interação verbal "permite que o entrevistador verifique os sentimentos subjacentes à opinião apresentada pelo entrevistado, os quais são revelados por expressões faciais, gestos e elementos paralinguísticos como ritmo da fala, o tom e o volume da voz". Nesse ponto, a entrevista jornalística e a entrevista científica comungam dos mesmos propósitos, a considerar a assertiva de Martín Becerra (2015, p. 102) de que "a investigação, particularmente, tenta responder alguns tipos de perguntas". Sobre isso, vale destacar o que ele diz: "Tanto no jornalismo como na academia, a investigação é entendida como trabalho e como processo. Uma acumulação reflexiva, sistemática de trabalho de campo, que se faz nas ruas, em bibliotecas, hemerotecas e laboratórios" (Becerra, 2015, p. 102).

Adotada como principal ferramenta de investigação nos mais diversos campos das ciências sociais, entre os quais o jornalismo, a entrevista é a técnica de coleta de dados por meio de perguntas feitas diretamente a uma fonte de informações. Por ser flexível, ela pode ser estruturada ou não estruturada. No primeiro caso, há um roteiro inalterável de perguntas abertas e fechadas; o segundo tem caráter de conversação e o entrevistador tem liberdade de ação.

A entrevista como técnica de pesquisa jornalística, portanto, é o exercício de falar pouco e ouvir muito. No livro *Entrevista: o diálogo possível*, a autora Cremilda Medina (2008, p. 8) classifica esse gênero jornalístico como "uma técnica de interação social, de interpenetração informativa, quebrando assim isolamentos grupais, individuais, sociais; pode também servir à pluralização de vozes e à distribuição democrática da informação".

> A entrevista jornalística, em primeira instância, é uma técnica de obtenção de informações que recorre ao particular; por isso se vale, na maioria das circunstâncias, da fonte individualizada e lhe dá crédito, sem preocupações científicas. Por uma distorção do poder nas sociedades, muitas vezes se atribui esse crédito apenas a fontes oficiais, vale dizer, fontes do Poder, seja ele político, econômico, científico ou cultural. Enfatiza-se, com isso, a unilateralidade da informação: só os poderosos falam através das entrevistas. (Medina, 2008, p. 18)

Entrevistas disponíveis em diferentes meios de imprensa revelam que algumas se assemelham a um interrogatório, outras se parecem com um jogo de xadrez, ou algo similar a uma peça de teatro. Os repórteres mais experientes sabem que, em certa medida, o jornalismo requer uma adaptação ao tipo de entrevista e a abordagem varia conforme o perfil do entrevistado. O trunfo do bom entrevistador é saber se adaptar às mais variadas circunstâncias.

Uma boa reportagem provavelmente precisará de várias entrevistas, com uma variedade de perfis, e cada entrevistado terá mais ou menos disponibilidade para falar. Manter o controle sobre si mesmo e sobre o entrevistado será um desafio. Mas, mesmo diante do maior desafio, sempre há maneiras de contorná-los.

Um bom começo é saber com quem se está falando, ter um conhecimento prévio sobre o assunto da entrevista, saber exatamente quais perguntas devem ser feitas, ter as provas no caso de uma entrevista-confronto. Nesse último caso, uma regra de ouro é começar com perguntas gerais e, gradualmente, chegar àquelas que realmente interessam. Isso dará certo conforto até chegar aos questionamentos mais duros.

Quando se trata de algo polêmico, nunca forneça as perguntas com antecedência para não perder o fator-surpresa. O entrevistado vai elaborar previamente as respostas, poderá forjar documentos e conduzir a entrevista para uma direção diferente daquela que você imaginou. O ideal é fazer perguntas abertas, evitando aquelas que resultem em respostas fechadas em "sim" ou "não".

Nem sempre as pessoas estão dispostas a falar com jornalistas, sobretudo se estiverem envolvidas em algum escândalo ou se sentirem pressionadas a revelar algo que vai repercutir. Muitas portas baterão na cara do jornalista. Ele não deve desistir, precisa ser persistente. A persistência é uma virtude dos bons jornalistas. Na investigação do escândalo Watergate, Bob Woodward e Carl Bernstein tentaram marcar uma entrevista 26 vezes antes de consegui-la.

Deve-se usar o silêncio em seu favor. Avaliar se, no decorrer da entrevista, não é o caso de fazer uma pausa intencional. Em geral, o silêncio incomoda as pessoas e, para evitá-lo, continuam falando. Quanto mais elas falarem, mais informações o jornalista terá. Cabe ao profissional avaliar o momento de avançar ou recuar. É importante lembrar que tanto entrevistado quanto entrevistador fazem parte da entrevista, como salienta a escritora Annette Garret, citada por Medina (2008, p. 9-10, grifo do original):

> A. Garrett, em *A entrevista, seus princípios e métodos* (Rio de Janeiro, Agir, 1981), amplia o âmbito dessa prática humana: todas as pessoas, de uma maneira ou de outra, são envolvidas na entrevista, ora entrevistando, ora sendo entrevistadas. Admite também que qualquer dessas situações contém aspectos objetivos e subjetivos. Um ponto básico de sua

teorização é projetar corajosamente a técnica para a ARTE da entrevista. Garret identifica no entrevistar, acima de tudo, **a arte de ouvir, perguntar, conversar**.

Medina (2008, p. 14) ainda observa que, "Numa classificação sintética da entrevista na comunicação coletiva, distinguem-se dois grupos: entrevistas cujo objetivo é espetacularizar o ser humano; e entrevistas que esboçam a intenção de compreendê-lo". A autora salienta, no entanto, que Edgar Morin enumera quatro tipos em sua classificação:

1. **Entrevista-rito** – Apenas para obter uma declaração, para cumprir tabela. Por exemplo, a fala de um jogador após a partida ou de uma *miss* após a conquista do título.
2. **Entrevista anedótica** – Restrita a mexericos, conversações frívolas em busca de anedotas picantes, sem nada que comprometa o entrevistado e o entrevistador.
3. **Entrevista-diálogo** – Mais que uma conversação mundana, entrevistado e entrevistador buscam trazer à tona uma verdade que diga respeito ao entrevistado ou a um problema.
4. **Neoconfissões** – É o exemplo de entrevista em profundidade da psicologia social, em que o entrevistado faz um mergulho interior.

A autora salienta as observações de Morin, enaltecendo a raridade das duas últimas e criticando as duas primeiras. "É neste sentido que vale agrupar as entrevistas em duas tendências: a de **espetacularização** e a de **compreensão** (aprofundamento)" (Medina, 2008, p. 15, grifo do original). Ela destaca, ainda, o desdobramento dessas duas tendências à medida que se desenvolvem os estilos de abordagem e o aproveitamento da entrevista. São estas as subdivisões:

1. **Subgênero da espetacularização** – Perfil do pitoresco, perfil do inusitado, perfil da condenação, perfil da ironia "intelectualizada".
2. **Subgênero da compreensão** – Entrevista conceitual, entrevista/enquete, entrevista investigativa, confrontação-polemização, perfil humanizado.

Nilson Lage (2008) por seu turno, preocupou-se em distinguir a entrevista em seu sentido amplo como gênero. Para ele, "A entrevista é o procedimento clássico de apuração de informações em jornalismo. É uma expansão da consulta às fontes, objetivando, geralmente, a coleta de interpretações e a reconstituição de fatos" (Lage, 2008, p. 73). Com uma breve semelhança à classificação feita por Edgar Morin e destacada por Cremilda Medina, Nilson Lage classifica as entrevistas quanto aos objetivos e quanto às circunstâncias de sua realização.

Quanto aos objetivos (Lage, 2008), a entrevista pode ser:

a) **Ritual** – Breve e centrada mais no entrevistado do que naquilo que ele tem a dizer.

b) **Temática** – Entrevistado entende do tema abordado, tem argumento de autoridade.

c) **Testemunhal** – O entrevistado viu ou participou de algum evento de repercussão.

d) **Em profundidade** – Objetivo é o entrevistado, e não um fato ou um tema específico.

Sob a mesma perspectiva, com relação às circunstâncias (Lage, 2008), a entrevista pode ser:

a) **Ocasional** – Não agendada.

b) **Confronto** – repórter como inquisidor, com informações contra o entrevistado, que tenta esclarecer ou se defender das acusações.

c) **Coletiva** – Concedida pelo entrevistado a diversos repórteres de diferentes veículos de comunicação.

d) **Dialogal** – Programada e fundamentada no diálogo.

2.4
Critérios de noticiabilidade

Acidentes de trânsito, assaltos a banco, atentados terroristas, morte de uma personalidade, quedas de avião, homicídios, declarações polêmicas de políticos. Fatos dos tipos mais variados acontecem a todo instante em todos os lugares, aqui perto ou do outro lado do mundo, e nesse exato ponto começa uma atividade crucial no jornalismo: escolher quais desses acontecimentos serão noticiados para o grande público. A tarefa é das mais relevantes, porque selecionar um assunto implica descartar outros.

Mas como definir qual acontecimento é noticiável segundo critérios jornalísticos? As escolhas não se dão ao acaso. Estudiosos da comunicação elaboraram teorias de forma a compreender por que jornalistas elegem determinados temas e não outros. Nilson Lage (2008), por exemplo, aponta que, diante de uma realidade múltipla e simultânea, a construção de uma notícia requer selecionar dados e ainda ordená-los, tarefa que envolve considerar a importância do acontecimento e o interesse do veículo de comunicação.

"A técnica de produção industrial de notícias estabeleceu com este fim critérios de avaliação formal, considerando constatações empíricas, pressupostos ideológicos e fragmentos de conhecimento científico" (Lage, 1982, p. 66).

Carlos Manuel Chaparro (2007, p. 119) reforça a ideia de que o assunto deve despertar algum tipo de interesse, condição primeira para que um acontecimento vire notícia:

> O interesse pode ser considerado, portanto, o atributo de definição do jornalismo. Só é notícia o relato que projeta interesses, desperta interesses ou responde a interesses. Esse atributo de

Notícia ou reportagem?

definição pode alcançar maior ou menor intensidade, dependendo da existência, em maior ou menor grau, de atributos de relevância do conteúdo.

Observe, portanto, que um acontecimento deve ter um valor-notícia para que seja selecionado pela imprensa. O conceito de **valor-notícia** surgiu na década de 1960, período nascente de vários postulados sobre jornalismo. Em 1965, os noruegueses Johan Galtung e Marie Ruge foram os primeiros teóricos a reconhecer a existência de critérios de noticiabilidade ao analisar o que é levado em conta para um acontecimento virar notícia.

> Ao desenvolverem um estudo sobre a cobertura de três crises internacionais – Congo, Cuba e Chipre – em jornais estrangeiros, os pesquisadores dinamarqueses são os primeiros teóricos a reconhecer a existência de critérios de noticiabilidade como critérios suscetíveis de permitir a atribuição de valor noticioso a fatos e acontecimentos de forma a se sobrepor à subjetividade jornalística. (Silva, 2010, p. 174)

Com base em suas descobertas, os sociólogos noruegueses elaboraram uma lista de 12 valores-notícia: frequência ou duração, amplitude, clareza, significância, consonância, inesperado, continuidade, composição, referência a países ricos, referência a pessoas de elite, personalização e negatividade.

O pesquisador italiano Mauro Wolf, por seu turno, distingue os valores-notícia entre os valores de seleção e os de construção. Os de seleção referem-se aos critérios usados pelos jornalistas "na decisão de escolher um acontecimento como candidato à sua transformação em notícias e esquecer outro acontecimento" (Wolf, citado por Traquina, 2008, p. 78). Nessa divisão, os valores de seleção subdividem-se em critérios substantivos e critérios contextuais.

Ainda segundo Wolf (citado por Traquina, 2008, p. 78), os valores-notícia de construção "funcionam como linhas-guia para a apresentação do material, sugerindo o que deve ser realçado, omitido na construção do acontecimento como notícia". A partir daí, Traquina (2008) organiza sua própria lista de valores-notícia, a começar pelo que classifica de *valores de seleção substantivos*, atrelados a características intrínsecas aos acontecimentos que os tornam importantes.

A seguir, uma síntese desses critérios, segundo os estudos e as considerações dos dois autores (Traquina, 2008).

- **Morte** – É o mais comum no meio jornalístico, mas, a exemplo dos demais critérios, sempre deve vir acompanhado de outro. O peso da notícia dependerá de "quem" morreu (**notoriedade**) ou da circunstância (**inesperado**) em que se deu a morte.

- **Notoriedade** – Pessoas de destaque estão naturalmente nos noticiários. Por exemplo, o que o presidente da República faz vira notícia pela importância do cargo que ocupa e pelo fato de suas decisões afetarem a vida do país.
- **Proximidade** – Um acontecimento terá mais destaque quanto mais próximo estiver do público-alvo geográfica ou culturalmente. Por exemplo, a queda de um avião na Indonésia terá mais atenção de nossa imprensa nacional se, entre as vítimas, houver brasileiros.
- **Relevância** – Trata-se da capacidade de o acontecimento incidir ou ter impacto sobre as pessoas, sobre o país. Por exemplo, o anúncio de mudanças na aposentadoria é relevante porque afeta uma grande parcela da sociedade.
- **Tempo** – Duração de um acontecimento e seu impacto ("Fulano completa 100 dias de governo") ou atualidade e data específica (Por exemplo, "Papa completa 80 anos hoje" e "Aprovada nova lei ambiental no Dia da Árvore").
- **Inesperado** – Acontecimento que foge da normalidade. Por exemplo, "Criança morre após tomar achocolatado". Ninguém espera que uma criança morra em uma circunstância como essa.

- **Novidade** – Normalmente se destaca algo importante que acontece pela primeira vez. O homem foi à lua seis vezes, mas apenas a primeira ganhou destaque na imprensa mundial. A partir da segunda, perdeu a força de novidade.
- **Notabilidade** – Acontecimentos visíveis e que dizem respeito a muitas pessoas, também o insólito, o excesso, a escassez. Por exemplo, a cobertura das Olimpíadas ou a escassez de água em uma cidade como São Paulo.
- **Infração** – Refere-se à violação e transgressão das regras, o que explica a importância do crime e do escândalo como notícia. Por exemplo, a prisão de um assassino em série ou um deputado embriagado que provocou um acidente com mortes.
- **Conflito** – O conflito ou a controvérsia também pode ser físico ou apenas simbólico e a violência é notícia porque representa uma ruptura social.

Na classificação de Mauro Wolf, os valores-notícia contextuais se referem às características do processo de produção das notícias, ou seja, o que é levado em conta na seleção não faz parte da natureza dos acontecimentos. Eis a lista de Traquina (2008) conforme essa categoria:

- **Disponibilidade** – O jornalista avalia as condições necessárias para a cobertura do acontecimento, fazendo uma relação de custo/benefício. Nesse caso, são consideradas as condições técnicas para a cobertura e o tempo necessário.
- **Visualidade** – Quando a existência de boas imagens determina o destaque que se dará ao assunto. Uma emissora de televisão, por exemplo, dará prioridade à cobertura que possibilite boas imagens.
- **Concorrência** – Dar uma notícia importante em primeira mão (o furo jornalístico) é uma ambição dos jornalistas, mas o inverso também ocorre: "Todo mundo está dando essa notícia, temos de dar também". Nesse ponto se vê uma homogeneidade de assuntos nos noticiários.
- **Equilíbrio** – À exceção de veículos especializados, não se faz uma edição apenas com notícias de um único tema. Por isso, uma forma de equilibrar o noticiário é diversificar a cobertura com diferentes acontecimentos.
- **Dia noticioso** – Em alguns dias acontece de tudo, mas, em outros, nada acontece. Nos dias de acontecimentos irrelevantes, notícias de pouca importância acabam ganhando destaque por falta de opção.

De acordo com Wolf (citado por Traquina, 2008), valores de construção se referem a critérios de seleção de fatores nos acontecimentos que devem ser destacados ou não. Dessa maneira, Traquina (2008) detalha os critérios dessa categoria, como veremos a seguir.

- **Simplificação** – Consiste em diminuir ou eliminar os ruídos. Quanto menos ambígua e complexa for a notícia, maiores serão as possibilidades de ela ser compreendida. Estereótipos e clichês ajudam nessa tarefa.
- **Amplificação** – Consiste em amplificar ao máximo a importância de um acontecimento para que a notícia seja notada por um maior número de pessoas. Traquina (2008) cita como exemplo a manchete "Brasil chora a morte de Senna".
- **Personalização** – "Pessoas se interessam por pessoas". Assim, quanto mais personalizado for um fato, maiores as chances de ele se tornar notícia. Aqui, valoriza-se a histórias das pessoas envolvidas.
- **Dramatização** – Conforme diz Traquina (2008), busca-se o reforço de aspectos mais críticos, do lado emocional, a natureza conflitual dos envolvidos. É o caso das narrativas jornalísticas em forma de perfis ou livros-reportagem.
- **Consonância** – Trata-se de inserir novidade num contexto com recursos que as pessoas já conhecem, buscando semelhanças e diferenças entre dois acontecimentos.

2.5
Teoria do *gatekeeper*

Quem faz a seleção dos assuntos que vão virar notícia? Existe no jornalismo uma teoria que denomina esse papel de *gatekeeper*, termo em inglês para "porteiro" ou "aquele que guarda o portão", o qual, durante o processo de produção jornalística, decide se determinado assunto será noticiado ou não. Pode ser o diretor de redação, o editor, o pauteiro, o repórter e mesmo o dono do veículo de comunicação. Em síntese, é quem decide se há ou não um valor de noticiabilidade de algum fato. Por exemplo, um jornalista engajado em temas de direitos humanos provavelmente estará predisposto a incluir na pauta do veículo temas dessa natureza, conscientemente ou não. De modo geral, essa seleção é feita em encontros chamados *reuniões de pauta*, quando os jornalistas da redação se reúnem para propor assuntos para a cobertura. Alguns são acatados, outros não.

Síntese

Tanto a reportagem quanto a notícia têm como objetivo levar assuntos de interesse público a seus leitores, ouvintes ou telespectadores. Elas se assemelham basicamente por aspectos estruturais, pois tanto uma como a outra precisam de um título, de um lide e de um corpo do texto. Embora sejam semelhantes em sua estrutura básica, notícia e reportagem se diferenciam no modo como são produzidas, no conjunto de informações que cada uma contém e em sua forma de apresentação ao público.

A notícia é a base do jornalismo, é um relato simples e direto de um acontecimento publicado na imprensa. Apenas informa por meio de um texto neutro, isento de opiniões, e demonstra somente os fatos, por não se aprofundar na análise dos acontecimentos. Na maioria dos casos, a notícia não permite um texto original ou criativo. A reportagem, por sua vez, exige um texto um pouco mais complexo, com uma narrativa que aborda as origens e as consequências de um fato.

A reportagem requer um aprofundamento na cobertura, com uma visão mais ampla do assunto e uma estrutura textual menos rígida do que a notícia. Esse gênero jornalístico pode comportar análise de dados, entrevistas, opiniões e interpretações do autor. Em última análise, pode-se dizer que a notícia lida com os fatos, enquanto a reportagem lida com assuntos e abordagens que amplificam a compreensão desses fatos.

Mas seja notícia, seja reportagem, você terá de começar o texto de alguma maneira. Você tem uma história repleta de informações para contar, mas não sabe por onde começar? O melhor caminho é hierarquizar essas informações, estabelecendo escalas de valor para cada uma delas. Identifique a ideia-força do texto, aquela mais importante, e comece por ela, distribuindo as demais conforme a hierarquia estabelecida, partindo da mais importante para a menos importante. A informação com a qual você vai iniciar o texto será o gancho.

Gancho é um jargão usado no jornalismo para determinar qual informação merece mais destaque em uma matéria, é o que justifica o texto jornalístico, não importa o meio em que será veiculado. Por exemplo, um buraco que se formou na avenida central pode ser um gancho para uma matéria mostrando as condições das ruas da cidade, ou um acidente envolvendo um ônibus pode ser o gancho para uma matéria sobre a falta de manutenção dos veículos do transporte público.

Com os novos hábitos de consumir informação, "a rotina produtiva dos webjornais forçou uma reestruturação do texto, agora mais fracionado, e exigiu que os jornalistas ampliassem sua habilidade de encontrar ganchos para essas postagens" (Bueno; Reino, 2012, p. 5). A mudança na rotina de produção tem mudado também a estrutura do texto jornalístico. No webjornalismo, predominam textos mais sintéticos, gerando desinformação com uma notícia curta e sem aprofundamento. Isso depõe contra o jornalismo em sua busca por uma consolidação como área de produção de conhecimento.

O gancho jornalístico deve estar presente no primeiro parágrafo de uma matéria, que, por sua vez, se chama *lide* e tem por objetivo introduzir o leitor no texto e despertar seu interesse logo nas primeiras linhas. O texto jornalístico começa sempre relatando o que há de mais importante em um fato e hierarquiza outros detalhes, do mais importante para o menos importante. A primeira parte, em geral os dois primeiros parágrafos, responde às seis perguntas fundamentais de um acontecimento: Quem? O quê? Quando? Como? Onde? Por quê? Essa estrutura é conhecida como *pirâmide invertida*.

Não existe um modelo-padrão sobre como deve ser redigido o texto do lide. Caberá ao jornalista encontrar alternativas para fugir da escrita burocrática e evitar o desinteresse do leitor ou dar a impressão de irrelevância da notícia. Para um texto ser relevante, deverá contar com boas informações, e boas informações são conseguidas com boas fontes. Quando se trata de fontes humanas, o jornalista deve estar preparado para fazer boas entrevistas.

A entrevista conversacional converteu-se num instrumento prestigiado desde sempre no jornalismo para a obtenção de informações. É quando, no trabalho de apuração, se tem como principal unidade de referência a fala do outro, um esforço para entender os sentidos dados por ele a sua relação com suas práticas sociais ou profissionais ou para a transmissão de um conhecimento específico. Sendo a pesquisa o caminho para chegar à ciência, ao conhecimento, é nela que se utilizam diferentes técnicas e instrumentos para obter uma resposta mais precisa.

Consagrada no jornalismo como talvez a principal arma do jornalista (Karam, 2012), a pergunta é o elemento desencadeador da entrevista, que, por sua vez, é também um mecanismo de apuração de um acontecimento. Nas ciências humanas em particular, a entrevista é a principal ferramenta de trabalho de quem busca produzir conhecimento teórico (Kaufmann, 2004).

Uma boa reportagem provavelmente precisará de várias entrevistas, com uma variedade de perfis, e cada entrevistado terá mais ou menos disponibilidade para falar. Manter o controle sobre si mesmo e sobre o entrevistado será um desafio. Mas, mesmo diante do maior desafio, sempre há maneiras de contorná-los. Porém, antes de chegar ao estágio das entrevistas, é preciso saber o que vai virar notícia, e para isso existem alguns critérios.

Fatos dos mais variados acontecem a todo instante em todos os lugares, aqui perto ou do outro lado do mundo, e nesse exato ponto começa uma atividade crucial no jornalismo: escolher quais desses acontecimentos serão noticiados para o grande público. A tarefa é muito relevante, porque selecionar um assunto implica descartar outros.

Mas como definir qual acontecimento é noticiável segundo critérios jornalísticos? As escolhas não se dão ao acaso. Estudiosos da comunicação elaboraram teorias de forma a compreender por que jornalistas elegem determinados temas e não outros. Nilson Lage (2008), por exemplo, aponta que, diante de uma realidade múltipla e simultânea, a construção de uma notícia requer selecionar dados e ainda ordená-los, tarefa que envolve a considerar a importância do acontecimento e o interesse do veículo de comunicação.

Mas quem faz a seleção dos assuntos que vão virar notícia? Existe no jornalismo uma teoria que denomina esse papel de *gatekeeper*, termo em inglês para "porteiro" ou "aquele que guarda o portão", o qual durante o processo de produção jornalística, decide se determinado assunto será noticiado ou não. Pode ser o diretor de redação, o editor, o pauteiro, o repórter – e mesmo o dono do veículo de comunicação. Em síntese, é quem decide se há ou não um valor de noticiabilidade de algum fato. De modo geral, essa seleção é feita em encontros chamados *reuniões de pauta*, quando os jornalistas da redação se reúnem para propor assuntos para a cobertura. Alguns são acatados, outros não.

Estudo de caso

A notícia que virou um clássico da reportagem

O *The New York Times*, na edição de 16 de novembro de 1959, deu a notícia de uma chacina ocorrida um dia antes no vilarejo de Holcomb, no Kansas, região centro-oeste dos Estados Unidos. O texto distribuído pela agência de notícias UPI (*United Press International*) foi publicado na capa pelo *NYT* em uma coluna de

10 parágrafos curtos, relatando a execução do casal Herbert e Bonnie Clutter e dos filhos adolescentes Nancy e Kenyon. O que seria apenas mais uma notícia de crime acabou se tornando um dos maiores clássicos mundiais de livro-reportagem.

Já consagrado como escritor, em especial pelo *best-seller Bonequinha de luxo*, Truman Capote fazia sua habitual leitura matinal ao café quando se deparou com a notícia na capa do *NYT*. O casal e os dois filhos haviam sido mortos com tiros de espingarda calibre 12 na madrugada do dia anterior. O vilarejo de Holcomb pertencia a Garden City e tinha apenas 270 habitantes. Capote ficou instigado a investigar as causas até então misteriosas do homicídio e como isso afetou a população local.

Capote foi a Kansas com a amiga Harper Lee, também escritora. A muito custo, venceram a resistência dos habitantes e dos investigadores para coletar detalhes sobre a família e o crime. No fim de dezembro, dois suspeitos foram capturados. Diante das provas, Perry Smith e Richard Hicock confessaram o crime. Eles invadiram a casa em busca de alguns milhares de dólares do fazendeiro, mas levaram apenas um rádio, um par de binóculos e uns 40 dólares. Mataram a família para não deixar testemunhas.

Condenados à forca, eles foram executados apenas cinco anos depois do crime, em 14 de abril de 1965. Durante esse período, Capote se aproximou e ganhou confiança suficiente para traçar um minucioso perfil psicológico dos dois. Em uma declaração que poderia livrá-lo da forca, Hicock dizia às autoridades que apenas Smith havia dado os tiros, algo que Smith confessara apenas a Capote. O jornalista só incluiu essa informação em seu texto depois da execução dos dois.

O resultado da apuração de Capote foi publicado em uma série de quatro reportagens na revista *New Yorker* no final de 1965, reunidas no início do ano seguinte no livro *A sangue frio*. Capote sofreu críticas por não revelar a confissão de Smith antes da execução de Hicock e também por não ter dito que Smith sofria de problemas mentais. A intervenção do jornalista poderia dar outro desfecho ao caso, mas seus críticos acreditam que ele estava mais interessado em que houvesse um remate logo para concluir o livro.

Por não usar bloco de notas nem gravador, Capote foi acusado de inventar frases por ele atribuídas aos personagens. *A sangue frio* abriu um debate acerca dos limites éticos do jornalismo, mas também contribuiu para o fortalecimento do jornalismo literário, gênero do qual foi um dos criadores.

Perguntas & respostas

Quem seleciona os assuntos que irão virar notícia?

Há no jornalismo uma teoria que denomina esse papel de *gatekeeper*. Pode ser o diretor de redação, o editor, o pauteiro, o repórter e mesmo o dono do veículo de comunicação.

Em determinados casos, no entanto, é o dono ou o diretor de redação que dará a palavra final sobre a veiculação de determinado assunto proposto, dependendo da linha editorial ou dos interesses político-econômicos do veículo.

Um critério de noticiabilidade sozinho é suficiente para uma notícia?
Não. Uma notícia é composta de pelo menos dois critérios de noticiabilidade, podendo haver vários em uma só matéria. O critério morte, por exemplo, um dos mais comuns, não se sustenta sozinho. O peso da notícia dependerá de "quem" morreu (notoriedade) ou da circunstância (inesperado) em que se deu a morte. Da mesma forma, o critério infração, por exemplo, dependerá de "quem" é o transgressor ou "como" se deu a transgressão.

Posso apresentar as perguntas previamente para o meu entrevistado?
Depende. Se o assunto for polêmico, nunca forneça as perguntas com antecedência para não perder o fator surpresa. O entrevistado vai elaborar previamente as perguntas, poderá forjar documentos e tentará conduzir a entrevista conforme os interesses dele, e não os do entrevistador.

Questões para revisão

1. O texto jornalístico começa sempre relatando o que há de mais importante em um fato e hierarquiza outros detalhes, do mais importante para o menos importante. A primeira parte, em geral os dois primeiros parágrafos, responde às seis perguntas fundamentais de um acontecimento. Quais são essas perguntas na estrutura que é conhecida como pirâmide invertida?

2. O que é um gancho jornalístico e para que ele serve no jornalismo?

3. **Cremilda Medina (2008, p. 19), observa que "numa classificação sintética da entrevista na comunicação coletiva, distinguem-se dois grupos: entrevistas cujo objetivo é espetacularizar o ser humano; e entrevistas que esboçam a intenção de compreendê-lo". A autora salienta, no entanto, que Edgar Morin enumera quatro tipos em sua classificação. Quais são eles?**
   a) A entrevista-verdade, a entrevista-revelação, a entrevista-padrão e a bombástica.
   b) A entrevista-rito, a entrevista-anedótica, a entrevista-diálogo e as neoconfissões.
   c) A entrevista-rito, a entrevista-testemunhal, a entrevista-bombástica e a confessional.

d) A entrevista-padrão, a entrevista-ritualística, a entrevista-fofoca e a atemporal.

e) A entrevista-sondagem, a entrevista-revelação, a entrevista-relâmpago e a factual.

4. Indique os pontos característicos da reportagem, que, em última análise, são os definidores de sua distinção em relação à notícia:

a) Pauta mais exigente e elaborada.

b) Foge das fórmulas convencionais de narrativa.

c) Requer rigor e disciplina na obtenção e no trato da informação.

d) Fornece uma leitura ampliada da realidade, o que permite a compreensão do tema no tempo e no espaço.

e) Todas as alternativas anteriores estão corretas.

5. Entre os inúmeros critérios de noticiabilidade de que dispomos no jornalismo, o critério de _____ trata de um acontecimento que terá mais destaque quanto mais próximo estiver do público-alvo, geográfica ou culturalmente, o critério _____ se refere à duração de um acontecimento e seu impacto, o critério _____ se refere a um acontecimento que foge da normalidade, o critério de _____ normalmente destaca algo importante que acontece pela primeira vez e o critério de _____ se refere à violação e à transgressão das regras.

Marque a alternativa que preencha corretamente as lacunas do texto:

a) Importância, durabilidade, inesperado, novidade, infração.
b) Familiaridade, tempo, inesperado, novidade, infração.
c) Proximidade, durabilidade, tempo, factualidade, novidade, infração.
d) Proximidade, tempo, inesperado, novidade, infração.
e) Relevância, durabilidade, tempo, inesperado, infração.

Questões para reflexão

1. Com os novos hábitos de consumir informação, "a rotina produtiva dos webjornais forçou uma reestruturação do texto, agora mais fracionado, e exigiu que os jornalistas ampliassem sua habilidade de encontrar ganchos para essas postagens" (Bueno; Reino, 2012, p. 5). A mudança na rotina de produção tem mudado também a estrutura do texto jornalístico. Considerando a leitura deste capítulo, reflita e escreva sobre a nova realidade imposta ao texto jornalístico no meio digital.

2. Uma atividade crucial no jornalismo é a seleção de quais acontecimentos serão noticiados para o grande público. A escolha de um assunto para noticiar implica o descarte de outros. Com base na leitura deste capítulo, reflita e escreva sobre os critérios de seleção mais comuns que balizam a atividade jornalística.

Capítulo

03

Etapas de produção jornalística tradicionais e contemporâneas

Conteúdos do capítulo:

- Da produção "artesanal" à escala industrial.
- Processos contemporâneos na produção jornalística.
- Pesquisa jornalística ontem e hoje.
- Pesquisa jornalística na prática.
- Levantamento de dados e fontes em relação ao contexto.
- Seleção e abordagem das fontes.
- Produção: contato e credibilidade das fontes.

Após o estudo deste capítulo, você será capaz de:

1. dominar as técnicas clássicas de produção jornalística, bem como as novas técnicas que se incorporaram à atividade com o surgimento das novas tecnologias;
2. estabelecer a evolução das técnicas de pesquisa associadas ao jornalismo;
3. dominar a prática da pesquisa jornalística;
4. selecionar e abordar as fontes, bem como levantar dados e fontes em relação ao contexto do assunto pesquisado;
5. medir e avaliar a credibilidade das fontes.

3.1
Da produção "artesanal" à escala industrial

As sucessivas mudanças no jornalismo nos últimos séculos puseram os interesses econômicos no centro dos negócios dos veículos de comunicação. A agilidade na produção jornalística tornou-se um valor determinante porque a notícia passou a ter valor comercial. Nesse contexto, muitas notícias ficam "velhas" se não forem logo divulgadas. Assim, perdeu-se aquele caráter de produção quase "artesanal" da notícia e deu-se início ao chamado *newsmaking*, a produção da notícia em escala industrial para atender às demandas do mercado consumidor de informação.

Para dar conta dessa demanda, foram criadas rotinas de produção. Elas são usadas por grande parte dos veículos. Cabe dizer que a expressão *processos tradicionais de produção jornalística* não significa que se trata de algo antigo, mas tradicionais mesmo, que são seguidos por jornalistas em todas as redações. A estrutura do veículo de imprensa, a quantidade de jornalistas e a disponibilidade de aparatos tecnológicos vão impactar na rotina de produção.

Vejamos algumas dessas etapas de produção:

1. **Pauta** – A edição começa com a discussão dos assuntos que vão ser alvo de cobertura. A seleção é feita segundo critérios de noticiabilidade. A pauta ainda inclui a seleção das fontes que falarão sobre o assunto e o agendamento de um horário.
2. **Pesquisa** – Pesquisar sobre o tema e reunir o máximo de informações para os repórteres. Atualmente, em boa parte das redações, esse trabalho é feito pelo próprio pauteiro, mas pode e deve ser feito também pelo repórter.
3. **Apuração** – Apurar os dados coletados durante a pesquisa e verificar os acontecimentos, horários. É uma forma mais detalhada de pesquisa sobre o fato.
4. **Entrevistas** – Chegou a vez de o repórter ter o contato direto com as fontes e entrevistá-las, fazendo perguntas que ajudem a ter mais informações sobre o fato que está sendo alvo de uma cobertura.

5. **Captação de imagens** – Produzir fotos ou vídeos relacionados ao tema, seja da fonte entrevistada ou do fato que está sendo noticiado, por exemplo, imagens de acidente ou um evento que está sendo alvo da reportagem.
6. **Checagem** – Não é porque o entrevistado disse algo que aquilo é verdade. É preciso verificar a veracidade das informações, checando os dados coletados durante a pesquisa, a apuração e a entrevista. Um bom repórter ouve até ter muitos elementos que o levem a confiar naquela informação ou incluir na matéria as diferentes versões.
7. **Seleção** – Compilar as informações. Provavelmente, o repórter chegará na redação com muitas fotos, muitas respostas às perguntas, inúmeros dados. Mas nem tudo é importante. É preciso selecionar o que merece ser reportado ao leitor, telespectador ou ouvinte.
8. **Redação** – Todos os dados e entrevistas devem resultar em um texto, independentemente de qual veículo. É preciso organizar as informações, transformando os dados em uma narrativa. A redação do texto será conforme os padrões determinados pela empresa jornalística.
9. **Edição** – Destacar as principais informações em títulos, hierarquizando os dados, selecionando as fotos e cortando o texto, se preciso. No caso dos veículos de TV e rádio, a edição consiste em separar texto e entrevistas, chamadas de

sonoras, e escrever as chamadas para os apresentadores, que chamamos de *cabeça*.
10. **Veiculação/Publicação** – Tudo pronto, é hora de ir para o ar ou ser impresso no jornal. Nesse caso, existe ainda outra etapa, que é diagramação, o *layout* do jornal.

∴ Processos contemporâneos na produção jornalística

Assim como o processo tradicional de produção jornalística não significa algo velho e em desuso, os processos contemporâneos não se bastam nessa atividade, embora ganhem cada vez mais espaço nas redações. O que se vê, na verdade, é a fusão dos processos tradicional e contemporâneo. Conhecer todos os modos de produção é vital para quem atua em organizações com diferentes modelos e rotinas.

As quatro principais características do processo contemporâneo são:

1. Uso de novas tecnologias nas rotinas, especialmente a internet.
2. Jornalista mais passivo em relação à captação de notícias.
3. Profissionais multitarefas.
4. Precarização das relações trabalhistas.

Não se trata especificamente do jornalismo *on-line*, mas da produção de notícias em diferentes meios que têm as tecnologias como base do trabalho do jornalista. Vejamos alguns instrumentos que facilitam o processo de produção da notícia nessa nova realidade:

1. **Redes sociais** – LinkedIn, Facebook, Instagram e outros *sites* ou aplicativos têm sido usados por jornalistas para se atualizar e procurar assuntos, fontes e personagens.
2. *E-mail* – Tornou-se um eficiente canal de comunicação com o público e as fontes. Entrevistas são feitas com troca de mensagens, mas cabe salientar que, a despeito da comodidade, essa prática pode resultar na perda da qualidade da informação, uma vez que o jornalista perde o contato direto com o entrevistado.
3. **Sites de notícias** – Jornais e *blogs* do mundo todo estão disponíveis para consulta a qualquer hora e em qualquer lugar.
4. **Buscadores** – Mecanismos de busca (com o Google à frente) tornaram-se as enciclopédias modernas, em que se encontra todo tipo de informação.
5. *Software* e aplicativos – Skype e WhatsApp, entre outros, têm facilitado o contato dos jornalistas com seus entrevistados.

A popularização das novas tecnologias também tem provocado mudanças nos modos de produção jornalística a ponto de afetar as relações trabalhistas, tanto positiva quanto negativamente. Eis alguns exemplos:

1. **Jornalismo colaborativo** – O público colabora na produção da notícia enviando material para a redação, trabalho antes exclusivo dos jornalistas.
2. **Empreendedorismo** – Seja um *blog* ou uma agência de conteúdo, hoje qualquer jornalista pode ter seu próprio veículo.
3. *Home office* – O jornalista agora pode trabalhar em qualquer lugar, como empreendedor ou prestador de serviço.

Para Deuze e Witschge (2016), o papel ubíquo que as tecnologias desempenham na natureza mutável do trabalho jornalístico e das organizações causa um acúmulo de funções. O jornalista multitarefas tem de desempenhar uma variedade de atividades, inclusive de outros profissionais, como *designers*, editores ou publicitários. Já no contexto individualizado, ocorre um processo gradual de desprofissionalização. A profissão está sob enormes pressões em virtude de uma variedade de fatores, como:

> exigências de mercado e expectativas de mercado; uma divisão de trabalho precária e atípica que fragmenta a profissão; uma erosão contínua de seus valores e práticas por meio da intervenção da tecnologia [...]; uma crença completamente instável e flutuante no setor público em geral [...], e um declínio

concomitante da crença no jornalismo especialmente [...].
(Deuze; Witschge, 2016, p. 10)

Se não há mais uma centralidade nas redações, já não é preciso ser um trabalhador assalariado de uma organização para fazer parte do sistema jornalístico. Em última análise, a compreensão do que é jornalismo e do que é ser um jornalista, tanto nas práxis quanto na ideologia, não se prende mais ao trabalho realizado dentro de instituições. Essas questões institucionais, que antes dominavam a organização do trabalho jornalístico, já não são suficientes para compreender como o jornalismo é produzido por diferentes pessoas em diferentes lugares.

Não basta entender como ocorrem os fenômenos que influenciam o trabalho dos jornalistas; é preciso considerar como eles agem dentro desse sistema. O "ambiente midiático" precisa ser "entendido como uma indústria em transição – de fato, uma pós-indústria" (Deuze; Witschge, 2016, p. 11).

Os autores analisam as influências no trabalho dos jornalistas e das indústrias midiáticas. No sistema social, é importante considerar a visão consensual do jornalismo como algo importante para a democracia, mas cabe pontuar seu papel nos conceitos de modernidade em rede ou líquida. Bauman (2005, p. 1, citado por Deuze; Witschge, 2016, p. 12) define uma sociedade líquido-moderna como uma "sociedade em que as condições sob as quais agem seus membros mudam num tempo mais curto do que aquele necessário para a consolidação de hábitos e rotinas, das formas de agir. A liquidez da vida e da sociedade se alimentam e se revigoram mutuamente".

Nesse contexto, a mídia jornalística contribui para amplificar o estado líquido da modernidade. Contudo, devemos mencionar os contramovimentos, a exemplo de novos formatos de jornalismo transmídia e de longa forma, baseados mais na qualidade e na profundidade do que na velocidade. Assim, os diferentes ritmos da produção jornalística são sintomas de uma resposta a uma profissão em tempos líquido-modernos.

> O desafio para os estudos em jornalismo é compreender a ontologia do "tornar-se" no contexto de uma ideologia do "ser": entendendo que o jornalismo não é algo que "é", mas, sim, algo que "se torna", "que vem a ser", "que está se tornando", por meio de uma diversificação de práticas e um subsequente trabalho de fronteiras. Como tal, é importante se livrar do desejo de fazer afirmações sobre "a" profissão, o que ela é (ou o que deveria ser), e o que significa trabalhar como jornalista, e sim desenvolver uma maior sensibilidade com relação ao mapeamento e à articulação de práticas e definições divergentes bem como interpretações ideológicas que, por sua vez, produzem muitos "jornalismos" diferentes sobre um nível social sistêmico.
> (Deuze; Witschge, 2016, p. 13)

Os novos modelos de negócio de notícias também impactam a visão que se tem do jornalismo, tendo seus trabalhadores cada vez mais que assumir a responsabilidade da empresa. Robert Picard (citado por Deuze; Witschge, 2016) sugere que a construção de um muro que separa os lados comerciais e editoriais das organizações jornalísticas teve papel central na profissionalização do jornalismo. Agora, porém, o empreendedorismo promove uma queda gradual dessa parede. Isso entrelaça o jornalismo com outros atores, valores e prioridades. "Por sua vez, isso amplia a conversação sobre o jornalismo – o que é e o que deveria ser" (Deuze; Witschge, 2016, p. 14).

A mudança do lócus de produção da notícia tirou a centralidade da redação, agora fragmentada, dispersa e em rede. Isso também requer atenção nos estudos sobre os rumos do jornalismo e os processos de produção jornalística.

> Para os pesquisadores em jornalismo, isso significa que é preciso reconsiderar o objeto de estudo: de um espaço facilmente localizável e bem organizado para uma rede dispersa e fragmentada de trabalhadores, trabalhadores sem carteira de trabalho, cidadãos voluntários e qualquer coisa nesse sentido. (Deuze; Witschge, 2016, p. 15)

A organização do trabalho por meio de práticas padronizadas também está sendo desafiada, impactando sobre o modo de fazer jornalismo. Tornou-se insuficiente centrar-se nas rotinas de produção para tentar explicar a diversidade do trabalho jornalístico, pois grande parte das matérias hoje não é feita dessa forma, dado seu caráter móvel e virtual. Eis outro desafio no jornalismo: "como conceituar o trabalho jornalístico fazendo justiça tanto às práticas de trabalho rotinizadas quanto às fluxionais, bem como a convergência entre tais práticas?" (Deuze; Witschge, 2016, p. 16).

As relações de trabalho no meio jornalístico estão mudando. É cada vez menor a quantidade de jornalistas assalariados nas redações e maior o número de autônomos atuando como *freelancers* ou subvencionados por organizações jornalísticas. Isso, como vimos, é um dos impactos das novas tecnologias sobre os novos modos de fazer e consumir notícia.

∴ Pesquisa jornalística ontem e hoje

Ter uma boa ideia não é garantia de um bom material jornalístico. É preciso saber aonde se quer chegar e o que é necessário para isso. Muitas boas hipóteses fracassam por negligência do jornalista na fase de pré-produção de uma reportagem. Isso se deve, em grande parte, à falta da cultura de pesquisa e de planejamento em jornalismo. Você não vai conseguir escrever bem uma história que não conheça bem. Não se pode informar sobre aquilo que não se conhece. E, para conhecer, há que se pesquisar, investigar. A pesquisa é uma exigência da natureza jornalística desde os primórdios da profissão.

Entender o contexto da investigação pode ajudar a evitar becos sem saída e detectar fatos pertinentes ao assunto. Ainda que estejamos familiarizados com o tema, devemos ter sempre o cuidado de compreender melhor os antecedentes dos fatos, as terminologias, os atores e as questões do que se está investigando. A capacidade de pesquisar e buscar informação com peritos no assunto, rastrear a internet ou ler livros úteis é vital. Nunca devemos ter a falsa confiança de que sabemos de tudo sobre o que investigamos. Portanto, não podemos abrir mão da pesquisa.

O jornalista cobre os mais variados assuntos e, mesmo sendo especializado, ele não tem como saber tudo. Pesquisar é fundamental e exige um esforço para descobrir o novo por meio de uma investigação que pode ser mais aprofundada. Descobrir algo novo, encontrar um gancho diferente, é parte essencial do jornalismo. E isso só se torna possível por meio de pesquisas. Na rotina de produção, a pauta exige muita pesquisa. Ao levantar um assunto, o pauteiro pesquisa detalhes, liga para as fontes, reúne dados e estatística e inclui tudo na pauta. O passo seguinte é o contato direto com as fontes, a captação de entrevistas, a visita ao local dos acontecimentos e a interpretação dos dados obtidos na pesquisa.

Tradicionalmente, a pesquisa jornalística é documental, feita a partir de relatórios oficiais, banco público de dados, consultas a jornais, revistas, livros e outras publicações. Um método tradicional de pesquisa do repórter era ir a bibliotecas, repartições públicas, empresas e outros lugares que tinham a ver com seu objeto de pesquisa. Hoje, boa parte das pesquisas é feita pela internet, onde se encontra todo tipo de informação. Essa é a enciclopédia moderna. Seja pelo método tradicional, seja pelo contemporâneo, a pesquisa ajudará o jornalista a se preparar com informações mais qualificadas para sua pauta.

Mas uns quantos cliques na internet não bastam, obviamente. Os mecanismos *on-line* de busca facilitam a pesquisa jornalística, é bem verdade, mas convém lembrarmos que nem tudo o que é divulgado na internet é verdadeiro. Por isso, a seleção das fontes com base na *web* é fundamental e a checagem continua sendo imprescindível. O bom jornalista não pode se contentar apenas com as buscas na internet. Para checar informações, é preciso ligar para diferentes fontes, sair às ruas, solicitar documentos. Quanto mais houver pesquisa e checagem, mais confiável será a reportagem. Cabe ao jornalista coletar, selecionar, interpretar e repassar as notícias apenas depois de verificadas.

Uma das chaves do processo de produção jornalística é mapear as fontes de informações, sejam elas humanas, sejam documentais. Já tem uma lista de especialistas? Muito bem, agora deve tentar encontrar fontes de informação específica de que sua reportagem precisa por meio da elaboração de um mapa de fontes. Quais são os informantes e os protagonistas de sua narrativa? Existem documentos que registram suas ações? Os bons jornalistas não esperam que as notícias caiam do céu.

Sua pauta é sobre crianças de rua? Você pode seguir os rastros de documentos: a quantidade de crianças atendidas por determinada organização não governamental (ONG), os registos de receitas e despesas dessas entidades, se há recursos públicos envolvidos. Especialistas em assuntos de ONGs ou contabilidade poderão confirmar se as tendências de receitas e despesas parecem aceitáveis.

∴ Pesquisa jornalística na prática

O que acontece quando tentamos fechar uma matéria às pressas no limite do prazo de veiculação? Dá para imaginar que boa coisa não deve sair. Há uma tentação em diminuir o tempo de pesquisa e planejamento para começar logo o trabalho de apuração da notícia. Isso é um erro. Independentemente do tempo disponível, a boa pauta exige um bom planejamento mesmo sob a pressão do tempo. Limitar-se a menos fontes e a menos perguntas nos obriga a usar o tempo de forma prudente, fazendo as perguntas certas às fontes corretas.

Mesmo quando se trabalha com limites de tempo, o que é comum no jornalismo, as etapas da pesquisa não se alteram. Primeiro, é preciso definir o assunto que será pesquisado e verificar quais informações são prioritárias para tornar a investigação relevante mesmo dispondo de pouco tempo. O passo agora é pesquisar à exaustão. O resultado dessa pesquisa permitirá avaliar se realmente há uma matéria de maior profundidade ou se é necessário se contentar com algo encontrado na internet e com um ou dois contatos em vez de dez.

Às vezes, a pesquisa é bem-sucedida; às vezes, não. É importante saber o momento de redefinir a abordagem, se o ângulo da matéria continua válido. Uma sugestão é criar palavras-chave que sintetizem os fatos mais importantes e atribuir peso a eles. Não se esqueça de que algumas reportagens não exigem uma investigação profunda e certifique-se de que a matéria vale o esforço. Algumas exigem apenas uma coleta cuidadosa dos fatos e de uma composição clara. Portanto, certifique-se de que a informação tem mérito e vale a pena; só então prossiga com a produção da pauta ou do texto.

Algumas histórias são importantes ou complexas demais para serem preparadas em pouco tempo. Não hesite em apresentar seus receios ao chefe se entender que precisa de mais tempo para fazer uma pesquisa mais profunda. Mas isso não deve ser usado como pretexto para encobrir um trabalho malfeito. Se quiser mais tempo, terá de provar já ter completado algumas etapas. A negociação de tempo é algo recorrente quando surgem fatos de última hora ou se planeja desenvolver um trabalho de fôlego.

Como se vê, toda atividade jornalística pressupõe algum tipo de pesquisa. Afinal, para levar informação ao público, é preciso buscar dados, levantar versões, apurar o que aconteceu. Porém, há níveis de profundidade de pesquisa. No jornalismo investigativo, por exemplo, o levantamento de dados é muito mais extenso e minucioso. Já nas matérias do cotidiano, pesquisa-se rapidamente sobre o fato, apuram-se alguns dados e já se parte para a produção e para a posterior divulgação.

Seja no caso de uma notícia, seja no caso de uma reportagem, toda cobertura bem-sucedida requer um conhecimento aprofundado do assunto. Isso impede que, no momento da entrevista, as informações escapem ou que o entrevistado tente distorcer ou deslegitimar os questionamentos. As provas documentais devem ter o mesmo cuidado com que tratamos o que as fontes humanas nos dizem. Não importa o grau de profundidade, o jornalista precisa sempre investigar sobre o fato que pretende cobrir.

Veja a seguir um passo a passo com seis etapas que indicam o que deve ser feito para levantar informações:

1. **Escolha do tema** – Pode ser a partir de uma denúncia que tenha chegado à redação ou algo que o jornalista tenha visto, lido ou ouvido. Sem saber sobre o que se pretende escrever, não há como dar o próximo passo.
2. **Planejamento** – Detalhar o que precisa ser feito para chegar às informações. Pesquise tudo sobre o assunto e mapeie as fontes necessárias para o trabalho, pense em entrevistas e em fontes especializadas.
3. **Seleção das fontes** – Podem ser pessoas, textos científicos, mapas, documentos públicos.
4. **Coleta de dados** – É o momento de recolher as informações nas fontes e nos locais definidos nas etapas anteriores.
5. **Organização** – Esse momento requer cuidado porque organizar as informações significa que algumas não serão aproveitadas. Mas é preciso manter o foco no assunto e ter cuidado para não desperdiçar material importante.
6. **Redação** – Momento de organizar as informações em texto. Um mau texto pode comprometer todo o trabalho até aqui. Convém salientar que a boa escrita cabe para qualquer veículo (jornal, portal de notícia, TV ou rádio).

∴ Levantamento de dados e fontes em relação ao contexto

Muito antes de surgirem o rádio e a televisão, a imprensa vivenciou aquele que talvez tenha sido o maior embate entre dois gigantes da comunicação. O confronto se deu nos Estados Unidos no fim do século XIX. De um lado, Joseph Pulitzer e seu *New York World*, com o qual ajudou a definir o padrão do jornal moderno e fez da imprensa o quarto poder; de outro, William Randolph Hearst, dono de jornais, revistas, emissoras de rádio e estúdio de cinema.

Nessa disputa, Hearst optou pelo jornalismo sensacionalista. De sua parte, Pulitzer sintetizava o jornalismo em três palavras: "Precisão! Precisão!! Precisão!!!". Em sua obsessão pelo rigor jornalístico, Pulitzer foi o precursor do que hoje se chama de *fact-checking*, ou checagem de fatos, confrontando histórias com dados, pesquisas e registros. Quando Hearst mentia em seus veículos, Pulitzer punha seus jornalistas para averiguar a história. Foi o princípio do jornalismo investigativo.

Muita coisa mudou no jornalismo desde então, mas a precisão nas informações levadas a público segue sendo o fio condutor da profissão. Os avanços tecnológicos têm mudado os modos de produção jornalística, ampliado a circulação de informações e as feito chegar a um número cada vez maior de pessoas. Seus efeitos colaterais, no entanto, têm posto à prova a precisão jornalística tão almejada há mais de um século por Joseph Pulitzer, como veremos adiante.

O contexto das novas tecnologias altera a maneira como os dados são levantados e o acesso a fontes de informação, sejam documentos, sejam fontes detentoras dessa informação. Mas é importante notar que há outros contextos, além das novas tecnologias, que impactam a forma como determinado jornalista ou certo veículo de comunicação se estabelecem sobre a rotina de trabalho. Há inúmeros fatores que impactam no modo de produção jornalística e, além das tecnologias já mencionadas, vamos destacar dois deles.

O primeiro dos dois fatores tem a ver com a estrutura e o porte do empreendimento jornalístico. Toda empresa que produz conteúdo informacional tem direito de solicitar o registro como empresa jornalística. Dessa forma, não importa o número de jornalistas na redação ou a quantidade de equipamentos de que a empresa disponha. Pode ser inclusive um veículo de uma pessoa só.

Fica evidente que a qualidade do conteúdo e o volume de produção diferem muito se compararmos uma redação com uma equipe de 20 jornalistas e outra de uma ou duas pessoas. Essa última, a propósito, é a realidade cada vez mais comum em veículos como jornais de bairro, publicações setoriais ou institucionais e radiojornais, por exemplo. O volume de trabalho impacta no tempo disponível para a pesquisa e para a checagem de informações e na possibilidade de aprofundar reportagens e elaborar textos mais longos, interpretativos e contextualizados.

O segundo fator que impacta o modo de produção jornalística trata-se da valorização da instantaneidade e do imediatismo como forma de se diferenciar da concorrência e conquistar a audiência. Tanto no rádio como na TV ou nos portais de notícias, a cobertura de certos acontecimentos, como acidentes e tragédias, é marcada pela tentativa de transmitir as informações com o máximo de velocidade, independentemente de quantos dados estejam disponíveis sobre o fato. Assim se noticiam mortos que não morreram, fusão entre bancos que não aconteceu, queda de avião que nem levantou voo.

Um exemplo do imediatismo que leva ao erro se deu na cobertura dos atentados de 11 de setembro de 2001, nos Estados Unidos. Alguns dos maiores jornais brasileiros noticiaram mais de 10 mil mortos, quando, na verdade, 2.823 pessoas morreram no ataque. Grandes emissoras de televisão chegaram a cogitar ao vivo que as torres gêmeas do *World Trade Center* tinham sido implodidas pelos terroristas. Porém, os prédios desabaram porque a estrutura não suportou o choque das aeronaves. Foram erros decorrentes na busca por sair na frente da concorrência, sem que se ouvissem fontes qualificadas para confirmar as informações.

Até mesmo empresas jornalísticas de grande porte escorregam nos erros do imediatismo. No dia 20 de maio de 2008, por exemplo, o canal Globo News noticiou que um avião da empresa Pantanal havia se chocado contra um prédio na zona sul de São Paulo, na rota de pouso do aeroporto de Congonhas. Tratava-se apenas de um incêndio em uma loja de colchões, mas a barriga (jargão jornalístico para falsa notícia) foi reproduzida por outras TVs, rádios e sites do Brasil e do Exterior. Foi corrigida cinco minutos depois. O jornalista responsável pela notícia foi demitido.

A revista Veja também deu algumas mancadas. Informou, em 9 de janeiro de 2013, a fusão de dois bancos e teve de se desculpar: "Por uma falha interna de procedimento, durante 22 minutos, de 17h59 às 18h21 desta quarta-feira, o site de *VEJA* deixou no ar uma manchete errada sobre o que seria o anúncio da fusão dos bancos Bradesco e Santander" (Portal Imprensa, 2013). A retratação seguiu nesses termos: "O texto dizia, infantilmente, que a negociação da fusão fora 'informada' pela instituição a funcionários. Como qualquer pessoa do meio financeiro sabe, uma operação desse tipo tem que ser, por lei, mantida em absoluto sigilo e comunicada antes de qualquer outra forma de divulgação à Comissão de Valores Mobiliários (CVM)" (Portal Imprensa, 2013).

O jornalista não sabe de tudo nem tem essa obrigação, assim como ninguém a tem. Mas cabe ao jornalista, em respeito à precisão que se espera de sua informação, que ele faça as devidas checagens antes de tornar público um fato.

∴ Seleção e abordagem das fontes

O jornalista é, antes de tudo, um intruso – precisa interromper o trabalho dos outros para iniciar o dele. Daí a conclusão óbvia de que jornalista não é onisciente, não é onipresente, não é onipotente. Ou seja, não sabe de tudo, não está em todo lugar, não pode tudo. Assim, é dependente de suas fontes de informação para desenvolver seu trabalho. As fontes são seus recursos de sobrevivência profissional. Portanto, deve-se respeitá-las e protegê-las até as últimas instâncias.

O jornalista também precisa aprender a transitar nos mais diversos ambientes, assim como precisa saber ouvir e, acima de tudo, respeitar as diferentes vozes. As fontes devem ser as mais diversas. As informações podem ser oficiais, vindas de pessoas do governo ou de ONGs que trabalhem no tema em questão ou mesmo vindas das ruas. Eis algumas regras básicas para o bom relacionamento com as fontes: fazer um acordo baseado na confiança e no compromisso de só publicar o que lhe for dito, não prometer o que não puder cumprir, não pagar por informações, respeitar a identidade do informante na eventualidade de riscos para ele e, se possível, analisar com a fonte o resultado do material depois de veiculado.

Em muitos casos, a informação não será igual quando se tem mais de uma fonte. Assim, é preciso colocar a versão das duas fontes. Caso não encontre uma segunda fonte, é importante citar na reportagem, embora isso enfraqueça o conteúdo. Luiz Costa Pereira Junior (2009) salienta que as fontes poderão ser consideradas pela ordem de importância ou de crítica. No primeiro caso, partirá das fontes secundárias e das menos importantes para as mais importantes; no segundo caso, serão abordadas, primeiro, as fontes técnicas, neutras e desfavoráveis e, depois, as favoráveis (que têm atitude positiva a respeito do fato investigado).

Cuidado com fontes manipuladoras da verdade. Nem sempre é fácil identificar esse tipo de fonte; por isso, é melhor que o jornalista encontre sua fonte, e não o contrário. Algumas têm medo de falar, dizem que o que vão contar é confidencial e não querem ser identificadas. O primeiro passo é saber quem é a pessoa, para ter a garantia de que vale a pena ouvi-la. O jornalista precisa saber os motivos do medo e fazer a seguinte pergunta: "O que poderia acontecer se seu nome fosse divulgado?". Se necessário, considere a possibilidade de dar proteção à fonte.

O jornalista precisa alertar a fonte em caso de perigo após a publicação da reportagem, discutir como a identidade dela poderá ser escondida, combinar o que será incluído na reportagem e se certificar de que ela compreendeu os perigos da publicação. E nunca pagar por uma informação. O jornalista pode ser acusado de manipular a fonte para falar o que gostaria de ouvir. Por isso, o repórter não pode aceitar nenhum tipo de pagamento ou favor.

Faz parte do processo de pré-produção da notícia a seleção das fontes. São elas que subsidiarão o jornalista com as informações depois de terem sido decididos o tema da reportagem e o que será investigado. As fontes são as mais diversas, veja algumas: matérias já veiculadas em rádio, jornal, televisão ou na web; *releases* de assessorias de imprensa; outros jornalistas; cartas, *e-mails*, telefonemas que chegam à redação; páginas na internet; o médico, o camelô, o advogado, o policial (depende, claro, do tema sobre o qual você está escrevendo).

É sempre melhor pautar do que ser pautado. Então, quando uma fonte oferece uma informação ou documentos, procure descobrir seus motivos, se os documentos são oficiais, se faltam informações, se os dados são atuais, se estão corretos. Por segurança, é importante saber quem é a fonte, se é de instituição pública ou privada; enfim, saber quais são seus interesses na divulgação das informações. O contato com essas fontes se dá de diferentes maneiras. Pode ser por meio de entrevistas pessoalmente, por telefone, via *e-mail* ou aplicativos de mensagens. Mas é possível ter acesso a um dado recorrendo às informações de um *site*, por exemplo.

Para elaborar uma pauta, é preciso que o jornalista detenha um conhecimento geral sobre quem são as autoridades ou órgãos que respondem por determinado tema. Por exemplo: se a cobertura é sobre saúde, quem devo procurar para entrevistar sobre isso? Pode ser a secretaria municipal ou o Ministério da Educação, um médico, o Conselho Regional de Medicina ou um especialista em saúde. Algumas vezes, todas as opções são necessárias, dependendo da pauta e da amplitude que se queira dar à cobertura.

∴ Produção: contato e credibilidade das fontes

Para toda cobertura jornalística, independentemente do tema, é sempre importante preparar uma lista de fontes. A seguir, vamos explicar os tipos de fonte de informações e os pontos fortes e fracos de cada uma. Para começar, cabe dizer que existem dois tipos principais de fontes de informação: primárias e secundárias.

As **fontes primárias de informação** são aquelas que oferecem evidências diretas e específicas ou relatam suas experiências. Por exemplo, um assaltante que adquire uma arma clandestina por um intermediário do tráfico de armas constitui uma fonte de informação primária sobre a experiência, mas não sobre o que os intermediadores fazem nos bastidores do tráfico de armas. Igualmente é o caso de um encarregado de abastecer uma escola com merenda escolar e que descobre a falta dos mantimentos. O mesmo acontece com um extrato bancário de um ministro, que revela o pagamento feito por uma empresa que mantém negócios com o governo.

As fontes de informação primárias, desde que confirmada sua autenticidade, são bastante valiosas, porque fornecem a prova direta de um acontecimento. Muitas vezes, são também as mais difíceis de encontrar. O desafio do jornalista se dá quando pessoas que viveram experiências relevantes demonstram relutância em fazer declarações, com receio de sofrer represálias, ou em mostrar documentos, como extratos bancários e declarações de renda, que estão protegidos por leis de privacidade.

As **fontes de informação secundárias**, por sua vez, fornecem informação a uma certa distância do acontecimento. Em geral, todo material publicado, incluindo relatórios de organizações e relatos de segunda mão, são fontes secundárias. Essas fontes são valiosas em especial para estabelecer o contexto e o ambiente investigado, ajudando a explicar questões e providenciando indicações sobre os contatos, mas todas as evidências obtidas dessa forma devem ser verificadas e comprovadas por meio de outra fonte, conferindo-se também as referências do autor dessas publicações.

Antes de avançar na investigação, prepare uma lista das fontes que você pretende consultar. Uma boa maneira de fazer isso é criar um "mapa mental". Escreva no centro de uma folha grande de papel a hipótese de sua cobertura jornalística. Em seguida, desenhe ramais de abordagens relacionadas à hipótese. Nesses ramais, anote uma lista de eventuais fontes de informação.

Existem três tipos de fontes-base de informações: humana, documental e digital (internet). Vamos conhecer um pouco de cada uma delas:

1. **Fontes humanas** – Estão inseridas em várias categorias, como protagonistas diretos do acontecimento, testemunhas oculares, especialistas e partes interessadas no assunto, algumas mais prestativas e outras menos. É preciso se certificar da posição e das motivações das pessoas que contatar. Ao investigar algo relacionado com a depredação do meio ambiente, por exemplo, representantes de organizações ambientalistas poderão providenciar bastante informação, mas essa informação será tendenciosa. O ideal é buscar outros pontos de vista, como procurar ouvir grupos sociais afetados pelo problema e certificar-se da representatividade e dos interesses dessas vozes. As vozes humanas conferem autenticidade ao texto e dão-lhe vida. Por isso a importância de evitar sempre basear o texto jornalístico em apenas fontes de informação documentais e eletrônicas (Konrad, 2010).

2. **Fontes digitais** – Incluem informações da internet e em registos digitalmente arquivados. Consultar essas fontes exige competência e alguns conhecimentos técnicos. A quantidade de informação disponível na internet é deslumbrante, mas, assim como com qualquer outra fonte, convém verificá-la. Cabe salientar que a internet é relativamente pouco

controlada, pois qualquer informação pode ser postada ali, incluindo *fake news*. A internet mantém as informações em circulação durante muito tempo, inclusive quando perdem a validade. Por isso, é importante consultar primeiro as fontes de informação mais recentes (Konrad Adenauer Stiftung, 2010).

3. *Crowd-sourcing* – Essa é uma nova ferramenta que conjuga fontes humanas e digitais. Os veículos que têm uma boa presença na internet têm incitado o público a contribuir para trabalhos de apuração da notícia. Fazem a cobertura de um acontecimento e, em seguida, convidam o público a dar suas contribuições (Konrad, Adenauer Stiftung, 2010).

4. **Fontes documentais** – Incluem livros, jornais e revistas, diários oficiais, registos oficiais e documentos comerciais, como contratos e extratos bancários. Muitas vezes é nas fontes documentais que se encontram as provas. Isso significa "seguir o rastro documental". Na sociedade atual, todos nós deixamos um rastro documental, como certidões de nascimento, casamento e óbito, matrícula escolar, internação hospitalar, registro na polícia, registro de imóveis, declaração do Imposto de Renda, recibo de compra e venda (Konrad Adenauer Stiftung, 2010). A despeito da classe social, todos deixam um rastro documental. Lembre-se de que, se necessário, dados solicitados via Lei de Acesso à Informação levam um tempo para serem informados. Por isso, é bom fazer o pedido logo no início da apuração.

Uma vez selecionadas as fontes e marcadas as entrevistas, chega a hora do contato direto com a fonte. No entanto, é preciso ter cuidado: a) não é porque a pessoa viu o fato que ela sabe toda a verdade sobre ele; *relato* é diferente de *fato*, pois envolve o ponto de vista da testemunha; b) há diferentes intenções e interesses envolvidos quando uma fonte é abordada por um jornalista; c) fontes podem mentir. Essas constatações servem para demonstrar que uma reportagem não deve ter uma única fonte. Quanto mais versões de um fato, mais o repórter terá clareza sobre o tema ou o acontecimento. E isso o levará a uma maior precisão na matéria.

Aldo Schmitz (2011) propõe uma classificação das fontes de notícias conforme o esquema apresentado no quadro a seguir.

Quadro 3.1 – Classificação das fontes de notícia

Categoria	Grupo	Ação	Crédito	Qualificação
Primária	Oficial	Proativa	Identificada	Confiável
Secundária	Empresarial	Ativa	Anônima	Fidedigna
	Institucional	Passiva		Duvidosa
	Popular	Reativa		
	Notável			
	Testemunhal			
	Especializada			
	Referencial			

Fonte: Schmitz, 2011, p. 23.

Na primeira coluna, podemos observar uma categoria de fontes segundo a natureza. As fontes primárias são aquelas que tiveram contato com o fato, e as secundárias, não. Aqui, não se trata de confiabilidade, mas de a pessoa ter presenciado ou não um acontecimento. Veja um exemplo: acidente no centro da cidade.

- Motorista envolvido no acidente é entrevistado: fonte primária.
- Policial que atendeu a ocorrência: fonte primária.
- Especialista em trânsito fala sobre aumento dos acidentes viários: fonte secundária.

Nesse caso, apenas o motorista e o policial estiveram no local do acidente. Por isso, estão na categoria de fontes primárias. O especialista em trânsito não esteve lá, mas entende do assunto porque estuda o tema. É importante ouvi-lo para ampliar a cobertura e contextualizar o acontecimento, mas é uma fonte secundária. Se você consultar o código de trânsito para explicar qual foi a infração cometida, o documento entra na categoria de fonte primária.

Em um segundo esquema, Schmitz (2011) classifica as fontes segundo seu grupo.

Oficial

Alguém em função ou cargo público que se pronuncia por órgãos mantidos pelo Estado e preservam os poderes constituídos [...].

Empresarial

Representa uma corporação empresarial da indústria, comércio, serviços ou do agronegócio. [...]

Institucional

É quem representa uma organização sem fins lucrativos ou grupo social. [...]

Popular

Manifesta-se por si mesmo, geralmente, uma pessoa comum, que não fala por uma organização ou grupo social. Enquanto testemunha, enquadra-se em outro tipo, por não defender uma causa própria. [...]

Notável

São pessoas notáveis pelo seu talento ou fama, geralmente artistas, escritores, esportistas, profissionais liberais, personalidades políticas, que falam de si e de seu ofício. [...]

Testemunhal

Funciona como álibi para a imprensa, pois representa aquilo que viu ou ouviu, como partícipe ou observadora. [...]

Especializada

Trata-se de pessoa de notório saber específico (especialista, perito, intelectual) ou organização detentora de um conhecimento reconhecido. [...]

Referência

Aplica-se à bibliografia, documento ou mídia que o jornalista consulta. Trata-se de um referencial que fundamenta os conteúdos jornalísticos e recheia a narrativa, agregando razões e ideias.

Fonte: Schmitz, 2011, p. 25-27.

O jornal *Folha de S.Paulo* tem uma classificação própria sobre os tipos de fontes e as hierarquiza conforme o nível de confiança de cada uma delas. A classificação segue numa ordem da mais confiável para a menos confiável, sendo elas "fonte tipo zero", "fonte tipo um", "fonte tipo dois" e "fonte tipo três". Reproduzimos agora a íntegra do que diz o *Manual de Redação da Folha de S.Paulo* sobre elas:

Fonte tipo zero – Escrita e com tradição de exatidão, ou gravada sem deixar margem a dúvida: enciclopédias renomadas, documentos emitidos por instituição com credibilidade, videoteipes. Em geral, a fonte de tipo zero prescinde de cruzamento. Para não repetir erros já publicados, evite ter um periódico do tipo jornal ou revista como única fonte para uma informação.

Fonte tipo um – É a mais confiável nos casos em que a fonte é uma pessoa. A fonte de tipo um tem histórico de confiabilidade – as informações que passa sempre se mostram corretas. Fala com conhecimento de causa, está muito próxima do fato que relata e não tem interesses imediatos na sua divulgação. Embora o cruzamento de informação seja sempre recomendável, a Folha admite que informações vindas de uma fonte tipo um sejam publicadas sem checagem com outra fonte.

Fonte tipo dois – Tem todos os atributos da fonte tipo um, menos o histórico de confiabilidade. Toda informação de fonte tipo dois deve ser cruzada com pelo menos mais uma fonte (do tipo um ou dois) antes de publicada.

Fonte tipo três – A de menor confiabilidade. É bem informada, mas tem interesses (políticos, econômicos etc.) que tornam suas informações nitidamente menos confiáveis. Na Folha, há dois caminhos para a informação de fonte tipo três: funcionar como simples ponto de partida para o trabalho jornalístico ou, na impossibilidade de cruzamento com outras fontes, ser publicada em coluna de bastidores, com a indicação explícita de que ainda se trata de rumor, informação não confirmada. (Folha de S.Paulo, 2015, p. 38)

Síntese

À medida que a notícia foi ganhando cada vez mais valor comercial, a agilidade na produção jornalística foi se tornando um valor determinante para a subsistência dos meios de comunicação. Deu-se então início ao chamado *newsmaking*, a produção da notícia em escala industrial para atender às demandas do mercado consumidor de informação. Para dar conta dessa demanda, foram criadas rotinas de produção.

Assim, surgiram processos tradicionais de produção jornalística, seguidos por jornalistas nas redações, há pelo menos um século. Essa etapa de produção começa na pauta e continua na pesquisa, passando pela apuração, entrevistas, captação, checagem, seleção e redação até chegar à edição e à veiculação. Hoje, o que se vê é a fusão dos processos tradicional e contemporâneo, este marcado sobretudo pela incorporação das novas tecnologias, com suas vantagens e desvantagens.

Para Deuze e Witschge (2016), o papel ubíquo que as tecnologias desempenham na natureza mutável do trabalho jornalístico e das organizações causa um acúmulo de funções. O jornalista multitarefas tem de desempenhar uma variedade de atividades, inclusive de outros profissionais, como *designers*, editores ou publicitários. Já no contexto individualizado ocorre um processo gradual de desprofissionalização.

Os novos modelos de negócio de notícias também impactam a visão que se tem do jornalismo, e seus trabalhadores cada vez mais têm de assumir a responsabilidade da empresa. Robert Picard (citado por Deuze; Witschge, 2016) sugere que a construção de um muro que separa os lados comerciais e editoriais das organizações jornalísticas teve papel central na profissionalização do jornalismo. Agora, porém, o empreendedorismo promove uma queda gradual dessa parede. Isso entrelaça o jornalismo com outros atores, valores e prioridades que não existiam antes.

A mudança do lócus de produção da notícia tirou a centralidade da redação, agora fragmentada, dispersa e em rede. Isso também requer atenção nos estudos sobre os rumos do jornalismo e os processos de produção jornalística. A organização do trabalho por meio de práticas padronizadas também está sendo desafiada, impactando sobre o modo de fazer jornalismo. Tornou-se insuficiente centrar-se nas rotinas de produção para tentar explicar a diversidade do trabalho jornalístico, pois grande parte das matérias hoje não é feita dessa forma, dado seu caráter móvel e virtual.

Contudo, seja na redação ou no *home office*, seja pelos processos tradicionais ou contemporâneos, a atividade jornalística jamais deve prescindir de uma boa pesquisa. Isso porque ter uma boa ideia não é garantia de um bom material jornalístico. Muitas boas hipóteses fracassam por negligência na fase de pré-produção de uma reportagem. Isso se deve, em grande parte, à falta da cultura de pesquisa e de planejamento em jornalismo. A pesquisa é uma exigência da natureza jornalística desde os primórdios da profissão.

Tradicionalmente, a pesquisa jornalística é documental, feita a partir de relatórios oficiais, banco público de dados, consultas a jornais, revistas, livros e outras publicações. Um método tradicional de pesquisa do repórter era ir a bibliotecas, repartições públicas, empresas e outros lugares que tinham a ver com seu objeto de pesquisa. Hoje, boa parte das pesquisas é feita pela internet, onde se encontra todo tipo de informação. Essa é a enciclopédia moderna. Seja pelo método tradicional, seja pelo contemporâneo, a pesquisa ajudará o jornalista a se preparar com informações mais qualificadas para sua pauta.

Uma das chaves do processo de produção jornalística é mapear as fontes de informações, sejam humanas ou documentais. Muita coisa mudou no jornalismo de um século para cá, mas a precisão nas informações ainda é o fio condutor da profissão. Os avanços tecnológicos têm mudado os modos de produção jornalística, ampliando a circulação de informações e fazendo-as chegar a um número cada vez maior de pessoas. Seus efeitos colaterais, no entanto, têm posto à prova a precisão jornalística.

O contexto das novas tecnologias altera a maneira como os dados são levantados e o acesso a fontes de informação, sejam documentos, sejam fontes detentoras dessa informação. Mas é importante notar que há outros contextos, além das novas tecnologias, que impactam a forma como determinado jornalista ou certo veículo de comunicação se estabelece sobre a rotina de trabalho. Há inúmeros fatores que impactam no modo de produção jornalística, além das tecnologias já mencionadas.

Há outro fator de risco que não impacta necessariamente no modo de produção, mas sim na credibilidade jornalística. Nesse caso, é preciso ter cuidado com fontes manipuladoras da verdade, e nem sempre é fácil identificar esse tipo de fonte. Por isso, é melhor que o jornalista encontre sua fonte, e não o contrário. É sempre melhor pautar do que ser pautado. Então, quando uma fonte oferece uma informação ou documentos, é preciso descobrir seus motivos, se os documentos são oficiais, se faltam informações, se os dados são atuais e se estão corretos. Por segurança, é importante saber quem é a fonte, se é de instituição pública ou privada. Enfim, saber quais são seus interesses na divulgação das informações.

Estudo de caso

Quando a fonte manipula o jornalista

O *The Washington Post* publicou no início de novembro de 2017 uma série de denúncias de abusos sexuais contra o candidato republicano a senador pelo Alabama (EUA), Roy Moore. Entre as novas denúncias recebidas, o jornal identificou uma mulher que tentava manipular a repórter com uma história falsa visando desmoralizar o veículo. Ao descobrir isso, o *Post* decidiu revelar as conversas mantidas em *off* com a suposta vítima por considerar que a aproximação com o jornal se deu por má-fé.

O *Washington Post* descobriu que a mulher pertencia ao grupo conservador *Project Veritas*, conhecido por tentar destruir a credibilidade dos meios de imprensa tidos como liberais. Jaime T. Phillips, de 41 anos, teve vários encontros com os jornalistas e relatou que havia tido uma relação com Moore em 1992, que a levou a ter de fazer um aborto aos 15 anos de idade. À época, Moore tinha 45 anos. O jornal não publicou a história da mulher por causa de incongruências nos relatos.

Os repórteres viram Jaime entrar nos escritórios do *Project Veritas*. O *Washington Post* diz que essa tentativa de apanhar o jornal em falso é uma forma de desacreditar os meios de imprensa que divulgaram histórias de mulheres que acusavam Moore.

Depois de ter visto a mulher a entrar no *Project Veritas*, o jornal decidiu divulgar as declarações captadas em *off the record*.

Segundo o diretor-executivo do *Washington Post*, Martin Baron, a decisão de divulgar as gravações se deveu ao fato de a conversa ter sido a essência de um esquema para enganar e envergonhar o jornal. Para ele, a intenção do *Projeto Veritas* era claramente a de tornar pública a conversa se o jornal tivesse caído na armadilha. Por essa razão, o acordo para que as denúncias fossem realizadas *off the record* estava baseado na má-fé.

Perguntas & respostas

Conteúdos de *sites* da internet são suficientes para fazer uma matéria?

Depende, mas geralmente não. Os mecanismos *on-line* de busca facilitam o trabalho de pesquisa jornalística, mas é preciso lembrar que nem tudo o que é divulgado na internet é verdadeiro. Checar a informação com uma segunda ou terceira fonte continua sendo imprescindível.

Considero a minha fonte confiável. Preciso mesmo checar o que ele disse?

Sim. Não é porque um entrevistado disse algo que aquilo é verdade. A confiança excessiva em uma fonte única de informação já provocou muitos erros em matérias que causaram danos à sociedade. É preciso verificar a veracidade das informações, checando os dados coletados durante a pesquisa, a apuração e a entrevista.

Qual a diferença entre fonte oficial e fonte oficiosa? Não é a mesma coisa?

Não. A fonte oficial é a que fala em nome do governo ou de instituições ligadas ao Estado. Exemplo de fonte oficial: ministro das Relações Exteriores. Fonte oficiosa são aquelas ligadas a uma entidade, empresa, governo ou um indivíduo, mas não estão autorizadas a falar por essas pessoas ou instituições. Exemplo de fonte oficiosa: policial civil faz denúncia à imprensa de desvios de recursos no comando dessa instituição.

Questões para revisão

1. No jornalismo, o que diferencia uma fonte primária de uma fonte secundária de informação?

2. Todas as fontes de informações têm seus interesses; alguns são nobres, outros nem tanto. Nem sempre é fácil identificar as fontes manipuladoras da verdade. Quais motivos poderiam levar uma fonte de informação a mentir para o jornalista e quais seriam as alternativas para evitar essa manipulação?

3. O jornal *Folha de S.Paulo* tem uma classificação própria sobre os tipos de fonte e as hierarquiza conforme o nível de confiança de cada uma delas. A classificação segue numa ordem da mais confiável para a menos confiável, sendo elas "fonte tipo zero", "fonte tipo um", "fonte tipo dois" e "fonte tipo três". Qual das alternativas a seguir apresenta o tipo que se enquadra nesta definição: "Escrita e com tradição de exatidão, ou gravada sem deixar margem a dúvida. [...] Em geral, a fonte de tipo _____ prescinde de cruzamento" (Folha de S.Paulo, 2015, p. 38):
   a) Fonte tipo zero.
   b) Fonte tipo um.
   c) Fonte tipo dois.
   d) Fonte tipo três.
   e) Nenhuma das alternativas anteriores está correta.

4. Em que momento da produção jornalística acontece o processo de reunir o máximo de informações que vão sustentar uma matéria? (Atualmente, em boa parte das redações, esse trabalho é feito pelo pauteiro, mas pode e deve ser feito também pelo repórter.)
   a) No momento da captação.
   b) No momento da pauta.
   c) No momento da checagem.
   d) No momento da pesquisa.
   e) Todas as alternativas anteriores estão corretas.

5. Relacione as definições aos termos correspondentes:

(1) Ajuda a detalhar o que precisa ser feito para chegar às informações.

(2) Protagonistas diretos do acontecimento, testemunhas oculares, especialistas e partes interessadas no assunto.

(3) Destacar as principais informações em títulos, hierarquizar os dados, selecionar fotos, cortar o texto se necessário.

(4) Oferecem evidências diretas e específicas ou relatam suas experiências.

(5) Facilitam o processo de produção da notícia nessa nova realidade do jornalismo.

( ) Buscadores da internet
( ) Edição
( ) Fontes primárias
( ) Fontes humanas
( ) Planejamento

Agora, assinale a alternativa que apresenta a sequência correta:

a) 1, 3, 2, 4, 5
b) 5, 3, 2, 4, 1
c) 5, 3, 4, 2, 1
d) 1, 3, 4, 2, 5
e) 2, 3, 1, 4, 5

Questões para reflexão

1. Aliadas ao processo tradicional de produção da notícia, há quatro características do processo contemporâneo: o uso de novas tecnologias na rotina produtiva, jornalista mais passivo em relação à captação de notícias, profissionais multitarefas e precarização das relações trabalhistas. Reflita sobre as consequências disso para a profissão.

2. Hoje, boa parte das pesquisas é feita na internet, a enciclopédia moderna. Os mecanismos *on-line* de busca facilitam a pesquisa jornalística, claro, mas convém lembrar que nem tudo o que é divulgado na internet é verdadeiro. Se, por um lado, a *web* democratizou o acesso às informações, de outro, favoreceu a proliferação de *fake news*. Como os jornalistas podem agir para evitar as armadilhas das fontes manipuladoras da verdade?

Capítulo

04

Principais etapas do jornalismo

Conteúdos do capítulo:

- Pré-produção, produção, edição e pós-produção.
- Pré-produção jornalística: pauta e sondagem inicial.
- Construção e modelo de pauta.

Após o estudo deste capítulo, você será capaz de:

1. aplicar as principais etapas do processo de produção jornalística;
2. planejar uma reportagem com base na pré-produção de um assunto a ser investigado;
3. elaborar uma pauta com as informações necessárias para desenvolver uma reportagem.

4.1
Pré-produção, produção, edição e pós-produção

Por que planejar no jornalismo? Porque, embora palpites de pessoas conhecedoras de algumas situações sejam vantajosos para os jornalistas, não são o único manancial de ideias, sem contar que as fontes têm suas limitações ou seus interesses. E não se pode passar de uma ideia diretamente para a produção da notícia ou reportagem sem antes pensar sobre aonde se quer chegar – e como chegar. A ideia representa apenas um ponto de partida. Por essa razão, é necessário planejar o trabalho para assegurar que o resultado final seja o mais cuidadoso e exato possível.

Na reportagem, que exige mais esforço do que a notícia, ainda que as fontes iniciais sejam confiáveis e os fatos iniciais, incontestáveis, primeiro, é preciso transformar a ideia numa hipótese a ser refutada ou confirmada. Para isso, o planejamento torna o trabalho mais manejável, dando-lhe um foco, ajuda a convencer os demais envolvidos, permite investir melhor o tempo e o dinheiro, estabelece critérios de relevância para as evidências recolhidas e dá os alicerces para um trabalho final coerente.

É no planejamento que podemos definir em pormenores a prioridade da reportagem. É o momento de nos perguntarmos se o assunto é suficientemente importante para merecer uma investigação. O momento de saber o peso que se dará à cobertura, a hora de refletir sobre a diferença entre um prefeito que desvia milhões da merenda escolar para bancar sua próxima campanha e um funcionário público que adultera um contrato para favorecer um amigo na instalação de uma barraca de cachorro-quente.

A produção de uma notícia ou reportagem não segue padrões predefinidos quanto ao planejamento. São muitas as variáveis, a começar pelo tema e pelo objetivo da cobertura, passando pelo estilo do jornalista, pelas normas do veículo de comunicação, pelo tipo de veículo (se impresso, TV, *web* ou rádio), pelas características regionais, pelas condições financeiras e, inclusive, pelos valores éticos implicados na cobertura. Tudo isso deve ser levado em conta ainda na formatação da pauta, de forma a não comprometer as etapas seguintes.

Apesar de não existir uma regra de planejamento no jornalismo, é preciso seguir uma linha de raciocínio para otimizar o tempo e fazer o melhor uso das informações, tendo em vista que o jornalista precisa ter uma visão plural e bastante ampla do fenômeno investigado. Assim, o planejamento, com a descrição do procedimento de apuração das informações, é fundamental para escapar das imprecisões. Luiz Costa Pereira Junior (2009) observa que isso se dará em três fases: ao planejar a apuração, ao revisar o conteúdo apurado e ao revisar os dados editados.

Esses três momentos pressupõem algumas etapas a serem seguidas no processo de produção jornalística. Vamos tratar disso agora tomando por base as proposições de autores conhecidos por seus estudos acadêmicos sobre o jornalismo e pela experiência prática no jornalismo, entre eles Felipe Pena (2008), Luiz Costa Pereira Junior (2009), Mario L. Erbolato (2008) e Nilson Lage (2008). A partir disso, veja o quadro a seguir com a classificação dessas etapas.

Quadro 4.1 – Etapas de produção jornalística

Etapa	Atividades
Pré-produção	Informação ou pista inicial
	Sondagem
	Apuração
	Seleção dos fatos
	Seleção das fontes
	Preparação da pauta

(continua)

(Quadro 4.1 – conclusão)

Etapa	Atividades
Produção	Coleta de dados Entrevistas Captação de imagens Checagem Seleção das informações Redação do texto
Edição	Revisão Seleção e cortes de elementos do texto Redação de textos de destaque: títulos, subtítulos e manchetes
Pós-produção	*Layout* da notícia Diagramação ou "espelhamento" da edição Arte-final Envio para edição, publicação ou veiculação

Fonte: Elaborado com base em Pena, 2008; Pereira Junior, 2009; Erbolato, 2008; Lage, 2008.

∴ Pré-produção jornalística: pauta e sondagem inicial

Depois de desenvolver uma hipótese a ser investigada, você terá de elaborar um plano de trabalho. Alguns passos iniciais são: preparar uma lista de fontes, desenvolver critérios para definir o que venha a ser uma prova, decidir sobre as técnicas a serem usadas na investigação, criar um calendário para organizar as etapas de produção, elaborar um orçamento para desenvolver a pauta.

Veremos agora em detalhes a primeira etapa das atividades que resultarão em uma notícia ou reportagem: a pré-produção. Nessa fase, o jornalista fará uma análise das fontes. Para a escolha das fontes, são recomendados três fatores: a hierarquia da autoridade, a produtividade (quantidade e qualidade da informação da fonte) e a credibilidade (Traquina, citado por Pereira Junior, 2009).

A pré-produção tem início a partir de uma informação inicial, uma pista ou uma ideia de tema discutida na redação. Pode nascer da intuição do jornalista, da suspeita de que haja uma história que vale a pena indagar. Depende do instinto noticioso, do ceticismo e do poder de observação do jornalista, algo que se desenvolve com os anos no exercício profissional.

O jornalista pode estar passando por um lugar e algo chamar a sua atenção. A partir desse fato inicial, surge a ideia de uma reportagem. Mas será que vale uma notícia, uma reportagem? Como já vimos, para ser notícia, precisa ser algo atual, que contenha novidades, que desperte interesse público. A informação ou pista inicial pode ser ainda uma denúncia que chega à redação, uma sugestão de pauta enviada por um assessor de imprensa, um aviso da polícia. Esse é o passo inicial, o ponto de partida da investigação.

A maioria das reportagens costuma começar com uma pergunta do jornalista, não com um telefonema anônimo ou um envelope com documentos secretos enviado à redação. As reportagens nascem geralmente do interesse do repórter ou de uma conversa, da leitura de alguma reportagem anterior, da experiência direta do repórter, de sua experiência de vida, de uma observação fortuita. Ter boas ideias nem sempre é fácil; talvez seja até a parte mais difícil do trabalho de um jornalista.

Mas, quando uma dessas boas ideias surge, o passo seguinte será a sondagem, ou seja, a pesquisa ou a exploração inicial do tema. Se a matéria for sobre falta de merenda escolar, por exemplo, ligar para as escolas seria uma forma de sondar as causas da escassez e o número de crianças afetadas. Professores e pais de alunos podem ajudar a pôr o assunto em contexto com entrevistas. A prefeitura também precisa ser ouvida para se explicar.

Quando se trata de pautas não programadas, como a cobertura de um acidente, a sondagem ocorre antes mesmo de o repórter chegar ao local do desastre. Da redação, a equipe de pauteiros que atua na pré-produção faz a sondagem inicial, levanta os primeiros dados sobre o acidente, o local da ocorrência, as pessoas envolvidas, os incidentes anteriores que se comparem com esse de agora e outras informações que sejam úteis para a cobertura. O repórter escalado para a cobertura *in loco* usará essa exploração inicial como base para o trabalho.

A partir desse ponto, começa a etapa da apuração, terceira fase no processo de pré-produção. Embora não exista uma verdade única sobre os fatos, e sim uma construção de sentidos, é nessa etapa que se buscam as informações mais precisas sobre o que se investiga. Essa apuração na pré-produção é feita geralmente de dentro da redação, por meio de contatos com órgãos públicos, entidades de classe, instituições que darão mais dados sobre o tema da reportagem. O rigor nessa apuração envolve ouvir mais de uma versão do fato e só usar o dado na reportagem se ele for confirmado.

Com frequência, as redações são procuradas por cidadãos que querem denunciar a falta de médicos no posto de saúde, os buracos nas ruas, o aumento da violência no bairro ou qualquer outro tipo de irregularidade. Essa é a informação inicial do primeiro passo, como vimos. Mas, antes que o repórter vá a campo para confirmar a denúncia, é preciso realizar os passos dois e três. O pauteiro liga então para os órgãos públicos relacionados ao tema da denúncia e faz contato com outros moradores para checar se a informação procede.

O quarto passo da pré-produção tem a ver com a seleção dos fatos levantados durante a sondagem e a apuração. É o momento de o jornalista reunir os resultados das pesquisas para decidir quais serão os entrevistados da matéria. Entramos, então, no passo cinco: a seleção de fontes. Por fim, o sexto passo se constitui na construção da pauta a partir de tudo o que se conseguiu nas etapas anteriores.

∴ Construção e modelo de pauta

Você escolheu o assunto, pesquisou, apurou as informações, selecionou as fontes e agendou as entrevistas. Chegou a hora de redigir a pauta, que, além de conter o resumo desses levantamentos preliminares, deve ter os dados sobre horário e local das entrevistas. É esse documento interno que orientará a cobertura de determinado assunto. Por isso, pressupõe-se que o jornalista tenha cumprido todas as etapas anteriores da pré-produção de uma matéria.

Convém lembrar que, na fase de elaboração da pauta, o jornalista faz a sondagem inicial e uma apuração preliminar, sem as quais não haverá uma base de informação que direcione a investigação e estabeleça a viabilidade da cobertura. É desse ponto que ele passa para a confecção da pauta. Nessa fase da produção, pode-se fazer um plano de ação com o seguinte esquema: informações já obtidas, informações que precisa obter, lista de fontes, locais onde poderá acessar essas fontes.

A pauta que norteará a produção de uma reportagem é diferente da pauta para uma cobertura factual de um assunto do cotidiano. No primeiro caso: "A pauta deve indicar de que maneira o assunto será abordado (a linha editorial); prever que tipo de ilustrações, e quantas, a reportagem terá; precisar o tempo de apuração, os deslocamentos da equipe, o tamanho e até a linha editorial da matéria. Para tudo isso, é preciso dispor de dados." (Lage, 2006, p. 55).

Em síntese, o desenvolvimento da pauta é o momento propício para avaliar a pesquisa prévia sobre o assunto, refletir sobre a viabilidade da hipótese inicial, definir o que se pretende com a investigação e as técnicas a serem usadas para obter as informações. Quanto mais bem estruturada for a pauta, maiores serão as chances de a investigação dar bons resultados.

É nesse momento que se buscam dados e estatísticas para fundamentar a hipótese inicial, que se discutem as melhores fontes e entrevistados, as leituras necessárias sobre o tema, as **dificuldades a serem enfrentadas na apuração**, as alternativas para produzir imagens, a escolha dos equipamentos a serem usados na investigação, a ponderação dos eventuais riscos no trabalho de campo.

Na etapa da pré-produção, também cabem algumas perguntas para ajudar a refletir sobre o que se pretende com a investigação. Eis alguns exemplos: Quem vai ganhar com o que será publicado? Quantas pessoas serão afetadas? Em que medida serão afetadas? Serão afetadas de maneira positiva? Elas são vítimas? É possível evitar seu sofrimento? Há pessoas que devem ser castigadas ou pelo menos denunciadas? É importante contar o que aconteceu para evitar sua repetição? É possível replicar as causas em outros âmbitos?

Confira a seguir as informações que devem estar contidas na pauta.

Parte 1 – Cabeçalho

- Data em que foi redigida a pauta.
- Nome do pauteiro e do repórter.
- Tema da pauta (chamada de *retranca*).
- Nome do meio que veiculará a matéria (no caso de ser um veículo com mais de um programa ou edição).

Parte 2 – Agendamentos

- Data da entrevista.
- Local ou meio (endereço, se for *in loco*, ou forma de contato, se a entrevista for por telefone/*e-mail*/Skype/redes sociais).
- Horário.
- Nome completo do entrevistado.
- Profissão e cargo que ocupa.
- Formas de contato: número do celular ou *e-mail*.

Parte 3 – Descrição da proposta

- Tema da pauta.
- Gancho selecionado: qual aspecto sobre o tema deve ser tratado.
- Objetivo da matéria.

- Dados levantados durante a pesquisa e a apuração.
- Resumo das ideias dos entrevistados e por que foram selecionados para contribuir para aquela reportagem.
- Sugestões de perguntas, de fotos e de imagens.

Como dissemos, a pauta vai direcionar a cobertura de determinado assunto, é o roteiro a ser seguido. Assim, o pauteiro deve imaginar a matéria pronta a partir dos dados selecionados e descrever na própria pauta como espera que seja o resultado final. Nem sempre isso se concretiza, mas ajuda o repórter que vai realizar a cobertura a entender a proposta como um todo. Esse modelo de trabalho, em que um produz a pauta e outro a executa, é mais comum em rádio e televisão, mas pode ser replicado também em outros meios de comunicação.

Para evitar contratempos na execução da matéria, o pauteiro deve deixar todas as entrevistas agendadas, locais marcados e conseguir autorizações para entrada em espaços públicos e privados. Se, por exemplo, a matéria é sobre atendimento de urgência em prontos-socorros, é preciso ligar antes para a administração do hospital e pedir autorização para a entrada da equipe de reportagem. Do contrário, ela pode ser barrada pelos seguranças.

Cada redação tem seu modelo de pauta, algumas feitas em processadores do texto, como o Microsoft Word, outras usando um *software* próprio. Não importa o modelo, o que importa é que as informações necessárias para a produção da matéria estejam contidas na pauta.

Síntese

O sucesso de um trabalho jornalístico se deve, em grande parte, ao planejamento da cobertura. Não se pode passar de uma ideia diretamente para a produção da notícia ou da reportagem sem antes pensar sobre como e aonde se quer chegar. A ideia é apenas um ponto de partida. Por essa razão, é necessário planejar o trabalho para assegurar que o resultado final seja o mais cuidadoso e exato possível.

Na reportagem, que exige mais esforço do que a notícia, ainda que as fontes iniciais sejam confiáveis e os fatos iniciais, incontestáveis, primeiro, é preciso transformar a ideia numa hipótese a ser refutada ou confirmada. Para isso, o planejamento torna o trabalho mais manejável, dando-lhe um foco, ajuda a convencer os demais envolvidos, permite investir melhor o tempo e o dinheiro, estabelece critérios de relevância para as evidências recolhidas e dá os alicerces para um trabalho final coerente.

Depois de desenvolver uma hipótese a ser investigada, é necessário elaborar um plano de trabalho. Ao planejar, podemos definir em pormenores a prioridade da reportagem; é o momento de nos perguntarmos se o assunto é suficientemente importante para merecer uma investigação. Alguns passos iniciais são: preparar uma lista de fontes, desenvolver critérios para definir o que venha a ser uma prova, decidir sobre as técnicas a serem usadas na investigação, criar um calendário para organizar as etapas de produção, elaborar um orçamento para desenvolver a pauta.

A maioria das reportagens costuma começar com uma pergunta do jornalista, não com um telefonema anônimo ou um envelope com documentos secretos enviado à redação. As reportagens nascem geralmente do interesse do repórter ou de uma conversa, da leitura de alguma reportagem anterior, da experiência direta do repórter, de sua experiência de vida, de uma observação fortuita. Ter boas ideias nem sempre é fácil; talvez seja até a parte mais difícil do trabalho de um jornalista.

Depois de escolher o assunto, pesquisar, apurar as informações, selecionar as fontes e agendar as entrevistas, chega a hora de redigir a pauta, que, além de conter o resumo desses levantamentos preliminares, deve ter os dados sobre horário e local das entrevistas. É esse documento interno que orientará a cobertura de determinado assunto. Por isso, pressupõem-se que o jornalista tenha cumprido todas as etapas anteriores da pré-produção de uma matéria.

Convém lembrar que, na fase de elaboração da pauta, o jornalista faz a sondagem inicial e uma apuração preliminar, sem as quais não haverá uma base de informação que direcione a investigação e estabeleça a viabilidade da cobertura. É desse ponto que ele passa para a confecção da pauta. Nessa fase da produção, pode fazer um plano de ação com o seguinte esquema: informações já obtidas, informações que precisa obter, lista de fontes, locais onde poderá acessar essas fontes.

Em síntese, o desenvolvimento da pauta é o momento propício para avaliar a pesquisa prévia sobre o assunto, refletir sobre a viabilidade da hipótese inicial, definir o que se pretende com a investigação e as técnicas a serem usadas para obter as informações. Quanto mais bem estruturada for a pauta, maiores serão as chances de a investigação dar bons resultados.

Perguntas & respostas

Por que é importante fazer o planejamento de uma matéria?

Porque não se pode passar de uma ideia diretamente para a produção da notícia ou reportagem sem antes pensar sobre aonde se quer chegar. A ideia é só um ponto de partida. Por isso, é necessário planejar o trabalho para assegurar que o resultado final seja o mais cuidadoso e exato possível.

Como surgem as ideias para dar início à pré-produção de uma matéria?

Uma matéria pode surgir de uma pista ou uma ideia discutida na redação. Pode nascer da intuição do jornalista, da suspeita de que haja uma história que vale a pena contar. Depende do instinto, do ceticismo e do poder de observação do jornalista, algo que se desenvolve com os anos no exercício profissional. A informação ou pista inicial pode ser ainda uma denúncia que chega à redação, uma sugestão e pauta enviada por um assessor de imprensa, um aviso da polícia, uma sugestão do público.

Qual a etapa mais importante no processo de produção de uma reportagem?

Na verdade, todas as etapas têm a sua importância. A pré-produção serve para discutir o tema, selecionar os fatos e as fontes, preparar a pauta. A produção requer coleta de dados, entrevista, captação das imagens, checagem, seleção das informações, redação do texto. A edição é o momento de fazer a revisão do texto e das informações, selecionar as imagens e os elementos do texto, fazer os textos das chamadas que darão destaque à reportagem A pós-produção cuida dos detalhes de como o trabalho será apresentado ao público. Então, pular uma dessas etapas prejudicará o resultado, de forma que todas as fases são importantes.

Questões para revisão

1. Um dos grandes desafios no jornalismo é encontrar assuntos de interesse público sem ficar na dependência de acontecimentos como acidentes, tragédias, eventos pré-agendados etc. Como, então, pode surgir uma boa reportagem?

2. Com frequência, jornalistas são procurados por cidadãos que querem denunciar a falta de médico, o buraco na rua, o aumento da violência no bairro, o desvio de recursos na prefeitura ou qualquer outro tipo de irregularidade. Essa é a informação de partida, mas, antes de ir a campo, o jornalista precisa adotar outros procedimentos. Quais são eles?

3. Luiz Costa Pereira Junior (2009) observa que o planejamento em jornalismo se dá em três fases: ao planejar a apuração, ao revisar o conteúdo apurado e ao revisar os dados editados. Esses três momentos pressupõem etapas a serem seguidas no processo de produção jornalística. Com base em autores conhecidos por seus estudos acadêmicos e pela experiência prática no jornalismo, vimos neste capítulo uma tabela com a classificação dessas etapas: pré-produção, produção, edição e pós-produção. Indique a opção correta com as fases correspondentes à etapa de pré-produção:

a) Coleta de dados, entrevistas, captação de imagens, checagem, seleção das informações, redação do texto.
b) Revisão, seleção e cortes de elementos do texto, redação de textos destaques.
c) Informação inicial, sondagem, apuração, seleção dos fatos, seleção das fontes, preparação da pauta.
d) *Layout* da notícia, diagramação ou "espelhamento" da edição, arte-final, envio para edição, publicação ou veiculação.
e) Nenhuma das alternativas anteriores está correta.

4. O desenvolvimento da pauta é o momento propício para avaliar a pesquisa prévia sobre o assunto, refletir sobre a viabilidade da hipótese inicial, definir o que se pretende com a investigação e as técnicas a serem usadas para obter as informações. Quanto mais bem estruturada for a pauta, maiores serão as chances de a investigação dar bons resultados. A pauta se divide em três partes: cabeçalho, agendamentos e descrição da proposta. Aponte a seguir os elementos que precisam estar na terceira parte (descrição da proposta):
    a) Data em que foi redigida a pauta, nome do pauteiro e do repórter, tema da pauta (chamada de *retranca*).
    b) Tema da pauta, gancho selecionado, objetivo da matéria, dados levantados, sugestões de perguntas, de fotos e de imagens.

c) Data da entrevista, local e horário da entrevista, nome completo do entrevistado.
d) Nome do meio que veiculará a matéria, profissão e cargo do entrevistado, contatos do entrevistado.
e) Todas as alternativas anteriores estão corretas.

5. Depois de desenvolver uma hipótese a ser investigada a partir de uma ideia ou pista inicial, o jornalista terá de elaborar um plano de trabalho. Alguns passos iniciais são: preparar uma lista de _____, desenvolver critérios para definir o que venha a ser _____, decidir sobre as _____ a serem usadas na investigação, criar um _____ para organizar as etapas de produção, elaborar um _____ para desenvolver a pauta.

Marque a alternativa que preenche corretamente as lacunas do texto:

a) provas, fontes, calendário, técnicas, orçamento.
b) técnicas, fontes, provas, orçamento, calendário.
c) técnicas, fontes, provas, calendário, orçamento.
d) fontes, provas, técnicas, calendário, orçamento.
e) fontes, técnicas, provas, calendário, orçamento.

Questão para reflexão

1. Considerando o que foi discutido neste capítulo, reflita sobre o planejamento no processo de produção jornalística. Tente imaginar o resultado de uma reportagem sobre determinado assunto considerando uma cobertura improvisada e uma cobertura planejada.

Capítulo
05

Técnicas de reportagem e pesquisa

Conteúdos do capítulo:

- Pesquisa aplicada ao jornalismo.
- Pesquisa quantitativa.
- Pesquisa qualitativa.
- Métodos de pesquisa aplicados ao jornalismo.
- Técnicas de entrevista.
- Técnicas de notícia.
- Técnicas de reportagem.
- Técnicas de checagem de dados.

5.1
Pesquisa aplicada ao jornalismo

A pesquisa é o instrumento usado para chegar a novos conhecimentos, para descobrir algo ainda desconhecido. Na comunidade científica, *pesquisar* significa utilizar um processo metodológico de investigação em busca de respostas para um problema de interesse social. Com frequência, o jornalismo utiliza técnicas similares aos métodos científicos para produzir seu conteúdo noticioso.

Isso porque é da natureza do jornalismo revelar o que está encoberto, o que ainda não se sabe, revelar fatos novos sobre determinado assunto. Desse modo, a pesquisa se constitui numa atividade central na rotina jornalística. Mas como e onde pesquisar sobre um fenômeno? Como descobrir algo que ninguém sabe? Quais tipos de pesquisa nos levam a informações novas e relevantes? Há dois tipos principais de pesquisa usados não apenas por jornalistas, mas por pesquisadores das mais diversas áreas das ciências sociais: a quantitativa e a qualitativa.

Certos aspectos do mundo social só podem ser alcançados por meio de um método de pesquisa – seja no jornalismo, seja no meio acadêmico –, e cada método ou técnica fornecerá uma perspectiva diferente desse mesmo mundo social. Do ponto de vista epistemológico, qualquer pesquisa científica estruturada parte da existência de um problema, sem o qual não há o que ser investigado. Definido isso, não há por que restringir a pesquisa a esta ou àquela referência teórico-metodológica. São as hipóteses de solução do problema que definirão os instrumentos a serem utilizados para esse fim. Bourdieu (1999, citado por Boulosa; Tavares, 2009) diz que a escolha do método não deve ser rígida, e sim rigorosa.

Becker (1997), por exemplo, considera que os métodos qualitativos não são tão diferentes dos métodos quantitativos quanto comumente pensam os sociólogos. Para ele, os mesmos princípios subjacentes se aplicam a ambas as maneiras de trabalhar. O autor observa ainda que uma entrevista é frequentemente qualificada como bem-sucedida precisamente pelo grau em que consegue trazer à tona atitudes cínicas e não idealistas (Becker, 1997).

Embora seja bastante aplicada, a entrevista qualitativa como método de pesquisa não é tema pacificado no meio acadêmico, sobretudo quando aberta ou semiestruturada, procedimento tido como pouco confiável e muito subjetivo na coleta de informações. Porém, ainda que a entrevista seja a mais flexível entre as técnicas de coleta de dados disponíveis nas ciências sociais, ela é empregada com recorrência como método de pesquisa acadêmica – e diariamente no meio jornalístico.

Uma primeira crítica à metodologia qualitativa diz respeito à representatividade de seu objeto de estudo.

> Como essa metodologia trabalha sempre com unidades sociais, ela privilegia os **estudos de caso** – entendendo-se como caso, [*sic*] o indivíduo, a comunidade, o grupo, a instituição. O maior problema, neste sentido, segundo os críticos, se encontraria na escolha do caso: até que ponto ele seria representativo do conjunto de casos componentes de uma sociedade? (Martins, 2004, p. 293, grifo do original)

Uma segunda crítica trata da subjetividade que resulta da aproximação entre o sujeito e o objeto empírico do conhecimento, pesquisador e pesquisado, jornalista e entrevistado.

> Há um método, principalmente usado pela antropologia, mas também pela sociologia, denominado *observação participante*, que dentre todos é o que mais levanta questões sobre aquela aproximação. Em qualquer tipo de pesquisa, seja em que modalidade ocorrer, é sempre necessário que o pesquisador seja aceito pelo outro, por um grupo, pela comunidade, para que se coloque na condição ora de partícipe, ora de observador. E é preciso que esse outro se disponha a falar da sua vida. (Martins, 2004, p. 294)

Além da antropologia e da sociologia, o jornalismo também se vale da observação participante mencionada pela autora como *método de pesquisa qualitativa*. E se, de um lado, há detratores do método qualitativo, de outro, há defensores. Roberto Da Matta (1991, citado por Martins, 2004, p. 291) aponta a "interação complexa entre o investigador e o sujeito investigado de um mesmo universo de experiências humanas". Para Martins, é o diálogo que permite superar nossos preconceitos em relação ao "outro". A esse respeito, Martins observa:

> Assim, na sociologia, como nas ciências sociais em geral, diferentemente das ciências naturais, os fenômenos são complexos, não sendo fácil separar causas e motivações isoladas e exclusivas. Não podem ser reproduzidos em laboratório e submetidos a controle. As reconstruções são "sempre parciais, dependendo de documentos, observações, sensibilidades e perspectivas" (Da Matta, 1991, p. 21). Mas, se por um lado, isso tudo não inviabiliza a observação, por outro, é preciso reconhecer que na pesquisa sociológica não é possível ignorar a influência da posição, da história biográfica, da educação, interesses e preconceitos do pesquisador. (Martins, 2004, p. 291-292)

Martins recorre a Thiollent e Becker para afirmar que "no trabalho de pesquisa sociológica a neutralidade não existe e a objetividade é relativa, diferentemente do que ocorre no positivismo – do qual, aliás, partem muitas das críticas feitas à metodologia qualitativa" (Martins, 2004, p. 292). E esclarece que "as chamadas metodologias qualitativas privilegiam, de modo geral, da análise de microprocessos, através do estudo das ações sociais individuais e grupais" (Martins, 2004, p. 292).

Para a autora, tratar as unidades sociais investigadas como totalidades é um desafio para o pesquisador e exige uma capacidade integrativa e analítica que depende de uma habilidade criadora e intuitiva. Essa intuição não caracteriza um dom, mas advém de uma formação teórica e dos exercícios práticos do pesquisador. Na metodologia qualitativa, a pesquisa depende, em grande medida, da competência teórica e metodológica do pesquisador.

> Em *Sociologia como uma forma de arte*, Robert Nisbet (2000) afirma a importância da imaginação e da intuição no trabalho sociológico. Para ele, muito do que se fez na sociologia clássica teria a ver com procedimentos intelectuais que aproximam o sociólogo muito mais de um artista do que de um cientista social preso a regras metódicas. (Martins, 2004, p. 292)

Como vimos anteriormente, cada método de pesquisa fornecerá uma perspectiva diferente do mundo social. A vertente positivista, no entanto, carrega nas críticas ao método qualitativo nas ciências sociais, pondo em xeque sua representatividade e acusando-o de pouca confiabilidade e muita subjetividade na coleta de informações. Porém, cabe rememorar que as pesquisas qualitativas nas ciências sociais trabalham com significados, motivações, valores e crenças que não podem ser reduzidos às questões quantitativas, pois respondem a aspectos muito particulares, que não são alcançáveis por dados numéricos.

Collares (2013) observa que, se, por um lado, a pesquisa quantitativa tem um papel fundamental na prática da inferência científica nas ciências sociais, pois possibilita um tratamento sistemático e generalizável do dado empírico e confere robustez às afirmativas feitas por cientistas sociais, por outro, essa divisão entre métodos qualitativos e quantitativos é prejudicial à prática da pesquisa nessa disciplina. A autora vê ainda muitas pesquisas sociológicas quantitativas utilizando simples modelos aditivos de regressão que pressupõem relações lineares entre as variáveis.

Embora sejam simples, esses modelos "necessitam da especificação do mecanismo através do qual as variáveis se relacionam, e esse fato muitas vezes escapa ao pesquisador social, especialmente àquele cujo treinamento enfatizou os modelos estatísticos de uma forma dissociada de sua significação teórica e empírica." (Collares, 2013, p. 115).

Ancorada no sociólogo Aage Sorensen, a autora assevera: "Quando o mecanismo explicativo das relações sociais investigadas é fornecido simplesmente pelo modelo estatístico, a teoria se dissocia da evidência" (Collares, 2013, p. 115). Por serem os processos sociais fenômenos bastante complexos, a autora recorda que a sociologia procura abstrair determinadas características deles para simplificá-los, de modo a compreender os mecanismos que atuam em sua produção. Nesse particular, "a tarefa da teoria é simplificá-los e caracterizá-los em termos de seus elementos essenciais" (Sorensen, 1998, p. 242, citado por Collares, 2016, p. 116). A autora acredita que um simples cruzamento de variáveis pode ser o suficiente para simplificar os processos sociais e, assim, facilitar o desenvolvimento de teorias.

As novas tecnologias têm ajudado a pesquisa sociológica processando um número cada vez maior de dados, com mais velocidade nos resultados e maior confiabilidade dos cálculos. Mas essas múltiplas oportunidades trazem junto um efeito colateral, como observa a autora:

> Porém, junto com essas facilidades vêm a primazia do dado e do cálculo sobre o raciocínio sociológico e o uso indiscriminado de modelos estatísticos sem a correta noção do que estes representam, pois são calculados pelos computadores e o pesquisador perde de vista que tipo de relações esses cálculos estão representando. (Collares, 2013, p. 117-118)

As relações causais são um desafio para a pesquisa quantitativa nas ciências sociais, uma vez que o efeito de uma variável sobre outra não significa necessariamente uma relação causal entre elas nem diz algo sobre essa causalidade (Collares, 2013). Nesse ponto, ela explica que, apesar de a análise de trajetórias, por exemplo, indicar uma direção causal para os efeitos – e nas análises de regressão existem as variáveis "dependentes" e "independentes" –, essa direção dada pelos modelos estatísticos é antes uma especulação teórica do que um teste empírico da direção de causalidade. "O suporte teórico torna-se especialmente importante para orientar o investigador na definição de quais são essas variáveis dependentes e independentes" (Collares, 2013, p. 120).

Se quisermos estudar o jornalismo de infiltração, por exemplo, e tentar inferir com que frequência isso acontece, devemos verificar a ocorrência desse fenômeno em termos quantitativos em um grupo de jornalistas habituados a omitir a identidade ou usar câmera escondida para conseguir informações. Podemos, inclusive, estabelecer comparações com outro grupo que não adota tais práticas, levando em conta características presentes nos dois grupos, as quais não são o foco da pesquisa, mas podem desencadear esse tipo de jornalismo, a exemplo da linha editorial do meio de imprensa, da convivência num ambiente competitivo, da ambição, da busca de uma identidade profissional.

Na pesquisa científica, isso se chama *variáveis de controle*. Não significa que, na pesquisa social, se podem controlar comportamentos; pode-se apenas inferir que alguns indivíduos estão sujeitos a determinada condição e outros não. Mas, se queremos saber o porquê de um jornalista adotar a infiltração como técnica de pesquisa, ou algumas de suas motivações, certamente uma análise estatística não responderá a esse questionamento. Nesse caso, precisaremos conversar, usando métodos qualitativos de pesquisas, com jornalistas habituados a empregar essas técnicas.

Os dois métodos podem abordar as causas, cada qual a seu modo, complementares entre si. Sobre isso, Ramos (2013) observa:

> no caso da pesquisa quantitativa ela [*sic*] permite dimensionar quais causas são mais fortes e apontar uma hierarquia das mesmas, sempre em termos probabilísticos e nunca com 100% de certeza e sempre com uma fração de poder explicativo que não é contemplada pelo conjunto das variáveis consideradas. Isto é, em modelos explicativos (causais) estatísticos sempre haverá uma porção da variação da variável que estamos querendo explicar (variável dependente) que não será explicada pelo conjunto das variáveis explicativas (independentes) incluídas no modelo. (Ramos, 2013, p. 60)

As pesquisas qualitativas, por sua vez, podem abordar as causas ou motivações em um conjunto de possíveis causas sem, contudo, permitir uma hierarquização destas ou uma explicação individual. "Assim, ao final de uma pesquisa qualitativa teremos mais um conjunto de hipóteses a serem testadas quantitativamente *a posteriori*, do que a definição de causas principais ou secundárias" (Ramos, 2013, p. 60).

O que se quer reafirmar aqui é o valor tanto de um quanto de outro método de pesquisa, uma vez que os modelos quantitativo e qualitativo são complementares. Ainda assim, é necessário ratificar essa comunhão, tendo em vista que cada lado dessa "disputa" busca sobrepor sua visão. Conforme Madalena Matos (2014, p. 7):

> Se os defensores da estatística argumentam com o poder das noções de probabilidade e de representatividade estatística e defendem a superioridade destas noções face a qualquer outro critério de validação externa, os defensores de métodos qualitativos argumentam contrapondo à escala de inferência estatística – a "escala de massa" – a pertinência de escalas alternativas mais adequadas ao conhecimento das sociedades humanas, nomeadamente a escala do tempo e a escala do contexto: as limitações da noção de representatividade estatística estariam, nesta perspectiva, precisamente numa aproximação atemporal e acontextualizada [*sic*] dos fenômenos sociais.

Assim, conclui Matos (2014) que, por um lado, os estudos qualitativos conduzem a resultados pertinentes os quais, em seguida, precisam ser universalizados e, por outro, que a extensão das análises quantitativas impede o conhecimento aprofundado de algumas dimensões da realidade, e os estudos qualitativos podem complementar os resultados dessas análises (Matos, 2014). A autora busca a luxuosa ajuda de Becker em defesa da perspectiva qualitativista.

Becker define-se como descendente intelectual de Robert Ezra Park, cofundador da Escola de Chicago. Park era um grande defensor dos métodos etnográficos, mas também propunha métodos quantitativos. A esse respeito, Becker se manifesta:

> Eu o sigo nisso, e para mim as semelhanças entre esses métodos são pelo menos como, e provavelmente mais, importantes e relevantes do que as diferenças. [...] Os dois estilos de trabalho colocam ênfase diferente na compreensão de casos históricos ou etnográficos em oposição às leis gerais de interação social. Mas os dois estilos também implicam um ao outro. Toda análise de um caso repousa, de forma explícita ou implícita, em algumas leis gerais, e toda lei geral supõe que a investigação de casos particulares demonstre essa lei no trabalho. Apesar das diferentes ênfases, tudo acaba com o mesmo tipo de entendimento, não é? (Becker, 1996, p. 1, citado por Matos, 2014, p. 7, tradução nossa)

Em seguida, Becker manifesta sua descrença quanto ao reconhecimento mútuo dos pesquisadores que utilizam os dois métodos:

> Esse tipo de ecumenismo claramente não vai acontecer, porque a questão não desaparece. Para apontar um exemplo familiar, embora os pesquisadores educacionais tenham realizado pesquisas perfeitas no estilo qualitativo há pelo menos sessenta anos, eles ainda realizam conferências e discussões periódicas, como essa, para discutir se é ou não legítimo e, se for o caso, por que é isso. Certamente deve haver alguma diferença epistemológica real entre os métodos que explicam essa incapacidade contínua de resolver a questão. (Becker, 1996, p 1, citado por Matos, 2014, p. 7, tradução nossa)

A conclusão que se tira dessas observações é que a questão reside na falta de aceitação do conhecimento produzido no quadro das metodologias qualitativas em relação às análises estatísticas. Não cabe, alerta a autora, desconsiderar a oposição entre os dois métodos, pois ambos são distintos e legítimos. "O desafio está na construção teórica de objetos sociológicos que permita, além de um uso 'paralelo' de dados qualitativos e quantitativos, articular diferentes procedimentos de inferência num mesmo desenho de pesquisa" (Matos, 2014, p. 8). Sobre isso, ela esclarece:

A expressão que talvez melhor defina, a este nível, a oposição entre métodos quantitativos e métodos qualitativos é a oposição entre "o olhar de fora" e o "olhar de dentro" a realidade social. O olhar de fora, "quantificador" e "normalizador", seria o da análise estatística ao serviço do ou pelo menos imediatamente recuperável pelo poder instituído. O olhar de dentro, "qualificador" e "provocador", seria o da análise qualitativa ao serviço dos que não têm palavra, nem visibilidade, nem poder. (Matos, 2014, p. 9)

∴ Pesquisa quantitativa

Busca dimensionar um fenômeno por meio de estatísticas, números e porcentuais. Em geral, essas pesquisas não são feitas pelos jornalistas, embora alguns veículos tenham os próprios institutos de pesquisa. Em geral, são realizadas por universidades, institutos (como o Instituto Brasileiro de Geografia e Estatística – IBGE) ou empresas especializadas em opinião pública e, depois, noticiadas pela imprensa. Outro exemplo são as enquetes feitas por veículos jornalísticos, levantamentos informais sobre a opinião de determinado grupo a respeito de um tema. Não há valor científico e não reflete necessariamente a opinião de toda uma população, mas serve de ponto de partida para a discussão do assunto.

∴ Pesquisa qualitativa

É mais analítica, preocupa-se menos com números e mais com a interpretação dos acontecimentos e o registro da opinião e das impressões das pessoas envolvidas ou que são afetadas por determinado assunto. A maioria das entrevistas jornalísticas tem caráter qualitativo, pois não busca saber a porcentagem de pessoas que pensam de forma A ou B sobre um tema, mas levantar dados de fontes selecionadas sobre o assunto que está sendo abordado. Buscam-se opinião, interpretação, informação, documentos e registros que se somam na busca de um relato.

∴ Métodos de pesquisa aplicados ao jornalismo

No livro *Teorias do jornalismo*, Felipe Pena (2008), com base nas ideias de João Corrêa de Deus (2003) na obra *Pesquisa em jornalismo*, descreve alguns métodos de pesquisa que podem ser usados pelos jornalistas. São eles:

- **Observação direta** – O pesquisador, no caso, o jornalista, tem contato direto com os acontecimentos, sem intermediários. Por exemplo: repórter que presencia um fato e faz a cobertura para a produção da notícia ou da reportagem.

- **Observação direta participativa** – Quando o jornalista não apenas presencia o fato, mas se insere naquela realidade e participa do que está acontecendo, para reproduzir a situação com mais propriedade. Por exemplo: o jornalista que se infiltra como morador em uma comunidade para registrar como se dá o tráfico de drogas.
- **Observação indireta** – Aqui entra o intermediário, que vivencia ou observa um acontecimento e depois repassa as informações. Por exemplo: o jornalista pede a alguém que participe de alguma situação e depois a descreva. Isso acontece quando o jornalista está impossibilitado de ir até o local dos acontecimentos.
- **Coleta** – É o acesso facilitado do jornalista a dados, sem que ele precise de muito esforço para obter informações. Por exemplo: relatórios contábeis de empresas disponíveis na internet, pesquisas divulgadas no *site* de institutos como IBGE e Ipea (Instituto de Pesquisa Econômica Aplicada) ou de governos.
- **Levantamento** – Ao contrário da coleta, exige um esforço maior do jornalista para conseguir os dados e as informações. Geralmente, começa com a suspeita de que há algo errado ou com uma denúncia. Então, o jornalista vasculha *sites*, documentos e bibliotecas a fim de descobrir algo que ainda não veio a público.

- **Análise** – Método que exige grande habilidade do jornalista. É preciso não apenas levantar e coletar dados, mas examinar e confrontar as informações, interpretando seus resultados e impactos. Por exemplo: artigos de opinião, editoriais e reportagens interpretativas.

∴ Técnicas de entrevista

O que você faria se fosse informado que, em dois dias, estaria frente a frente com o papa para uma entrevista exclusiva? Qual jornalista não gostaria desse privilégio? É de se imaginar que, nesse intervalo, você passasse dia e noite pesquisando assuntos, preparando um roteiro de perguntas, definindo sua abordagem. Isso é o mínimo que se espera de um jornalista – e o entrevistado nem precisa ser o papa.

A entrevista consiste em uma dinâmica de Perguntas & respostas. Quanto melhor for a pergunta, melhor será a resposta. E só haverá boas perguntas se o jornalista souber o suficiente sobre o assunto. O entrevistador deve ser o condutor da entrevista, mas ele só estará no comando se estiver bem preparado. Os melhores entrevistadores sabem explorar o jogo de Perguntas & respostas e conseguem arrancar do entrevistado até declarações que ele não pretendia dar.

Embora seja importante, a experiência não basta. Antes da entrevista, é preciso pesquisar tudo sobre os temas a serem tratados e sobre o entrevistado. Isso permitirá descobrir o que se quer para fazer a pergunta certa, ouvir a resposta com atenção e fazer novas perguntas que confirmem e complementem as informações. O entrevistador não pode ter medo de perguntar, de insistir e de confrontar quando necessário. Para isso, precisará estar munido de informações previamente. Se estiver bem preparado, não aceitará qualquer resposta e estará apto a novas perguntas.

É importante preparar um roteiro de perguntas, mas não ficar preso a ele. O roteiro é um ponto de partida e também uma forma de organizar as ideias em forma de questões de modo a evitar esquecimentos na hora da entrevista. Novas perguntas podem e devem ser feitas ao longo da conversa, quando as respostas dão ganchos para outras indagações. As perguntas devem estar fundamentadas em dados e afirmações já confirmados. Para isso, uma dica é que a pergunta tenha sempre duas frases: uma afirmação e uma indagação.

Antes de tudo, é preciso saber qual é o objetivo da entrevista. O objetivo é arrancar uma informação, uma confissão ou confirmar o que já se sabe? Só após isso será possível elaborar uma estratégia de entrevista. Cada contato pode exigir um método apropriado de abordagem. Para uma entrevista com uma organização/empresa, por exemplo, primeiro se deve contatar a assessoria dela. Se as exigências forem muitas, deve-se tentar fugir de maneira delicada. É importante não mostrar o texto para o entrevistado ler antes da publicação. Se ele confiou ao jornalista a entrevista, precisa confiar sobre o que será publicado. O ideal é escolher um local apropriado para cada entrevistado e sempre confirmar o combinado.

Antes da entrevista, investigam-se a pessoa, a questão e o contexto, monta-se uma rede de contatos, visita-se o lugar onde acontece o problema e planeja-se uma entrevista para várias pessoas, para não ficar dependendo de apenas uma fonte. Também se conversa com várias pessoas e as leva a falar sobre o trabalho. É necessário planejar como cultivar essas pessoas. É importante seguir estes passos, ainda que a entrevista mostre ser um desastre: conversa inicial que descontraia a fonte; informação básica; perguntas suaves; e, por último, perguntas mais difíceis.

Veja a seguir algumas dicas para tornar-se um grande entrevistador.

Atenção às perguntas

É importante saber perguntar. Por isso, evite perguntas que resultem em respostas monossilábicas, como "sim" ou "não" – a menos que seja isso que você queira. Na hora de perguntar, procure usar as técnicas do lide, a exemplo de "como", "por quê", "o quê" etc.

Atenção às respostas

Analise as respostas antes de fazer a próxima pergunta. Certifique-se de que o entrevistado respondeu e não fugiu pela tangente. Alguns fogem da resposta. E algumas respostas podem ser a deixa para a próxima pergunta.

Confidencial ou não?

Depende do propósito da entrevista, caso seja apenas para dar um panorama dos fatos, então ela será a título confidencial (*off the record*). Caso tenha um aspecto que precise ser registrado, mostre a caneta ou o gravador (*on the record*).

Entrevista é uma conversa

A entrevista conversacional é um dos fundamentos do jornalismo. Ganhar a confiança do entrevistado e fazê-lo sentir-se à vontade dará um caráter dialogal à entrevista e, assim, será mais fácil conseguir a informação que você deseja.

Olho no olho

Procure sempre manter o contato visual com o entrevistado. Se você apenas ler as perguntas a todo instante, o entrevistado perderá a confiança.

O corpo fala

Fique atento à linguagem corporal. As reações do entrevistado podem dizer algo importante e o silêncio também pode ser uma resposta.

Defina as regras

A entrevista é confidencial ou não? Quanto tempo vai durar? A conversa poderá ser gravada? Saiba disso antes de começar, pois algumas pessoas ficam intimidadas quando descobrem que serão gravadas. Não esconda o gravador e explique que, dessa forma, não perderá os detalhes da entrevista.

Seja neutro

Evite perguntas que revelem o que você pensa sobre o assunto da entrevista. Se disser o que pensa, você poderá influenciar o entrevistado de alguma maneira.

Vá com calma

Não tenha pressa durante a entrevista, a não ser que o entrevistado imponha esse ritmo. A pressa só fará você se esquecer de algo importante. Grave e também anote o que for possível, para nortear as próximas perguntas, mas não tome as anotações como uma camisa de força. Ainda que grave a entrevista, anotar é uma forma de manter a concentração e uma segurança no caso de a gravação falhar.

Sempre alerta

Diante de respostas vagas, tome isso como uma abertura para novas perguntas. Se a resposta for um "sim" ou um "não", recorra à técnica do lide e avance com um "Como?", ou um "Por quê?", ou "Quem?" etc.

Por *e-mail* ou frente a frente?

Nenhum recurso tecnológico, por melhor que seja, substitui a boa e velha entrevista frente a frente, momento em que conseguimos observar as reações do entrevistado – e isso pode ajudar na produção da matéria. Opte pelo *e-mail* ou telefone, por exemplo, apenas quando não for possível estar diante do entrevistado.

Seja pontual

Você não gostaria que o deixassem esperando, certo? Então, não faça o mesmo com o entrevistado. Pontualidade é importante e demonstra respeito, pois a pessoa está interrompendo o trabalho dela para você fazer o seu.

Equipamentos OK?

Confira os equipamentos antes de sair para uma entrevista. Veja se está tudo certo com canetas, lápis, *notebook*, gravador, microfone etc.

Respeite o entrevistado

Governador ou zelador, não importa, seja qual for a posição social do entrevistado, ele merece respeito. Se você o está entrevistando, é porque ele tem algo importante a falar, então não o julgue pela posição social.

Pergunte de novo

Não tenha vergonha de pedir ao entrevistado que repita a resposta, caso você não a tenha entendido. Melhor tirar as dúvidas na hora do que passá-las para o leitor. Você não conseguirá transmitir uma boa informação se não a entender por completo. Então, pergunte até compreender tudo.

De saída

Antes de terminar, pergunte se o entrevistado tem algo a acrescentar. Fique atento porque, após o fim da entrevista, o entrevistado pode relaxar e falar algo inesperado. Mantenha o gravador sempre ligado. Antes de se despedir, revise as anotações e certifique-se de que todas as respostas são satisfatórias.

∴ Técnicas de notícia

A notícia é a matéria-prima do jornalismo. Ainda que se atribua à reportagem uma aura mais nobre, não há jornalismo sem notícias, mesmo que sua vida útil seja de poucas horas diante da profusão de acontecimentos atualizados minuto a minuto nos *sites* noticiosos. Porém, nem tudo o que acontece tem força para virar notícia. Recorde do capítulo anterior, em que tratamos dos critérios de noticiabilidade, aquele conjunto de palavras-chave que norteiam os valores-notícia associados a um acontecimento.

O termo *notícia* é empregado no jornalismo basicamente em duas ocasiões, as quais vale rememorar:

- A notícia deve ser recente, inédita, verdadeira, objetiva e de interesse público. Portanto, é o que aconteceu, algo novo, atual, um fato selecionado por meio de critérios que o destaquem na comparação com os demais acontecimentos. Notícia é o fato que é alvo da cobertura jornalística e vai parar na página do jornal ou da revista, no portal de notícias, no rádio ou na televisão.
- Texto geralmente curto do gênero informativo em que se divulga apenas o lide e as informações principais sobre o acontecimento: quem fez o quê, quando, onde, como e por quê. Também chamada de *nota*, a notícia não tem o aprofundamento dos fatos, como na reportagem. Para escrever uma notícia, é preciso levantar os dados preliminares de determinado acontecimento. A prioridade é informar de forma rápida e concisa o público sobre o que ocorreu.

Uma das formas mais comuns de categorizar as notícias é por meio da distinção entre *hard news* (as notícias factuais) e *soft news* (conhecidas nas redações como *pautas frias*). Essa nomenclatura surgiu dos estudos da socióloga norte-americana Gaye Tuchman (1978, citada por Bronoski; Barretta; Cervi, 2010), que pesquisou as rotinas de produção dos jornalistas. Assim, as notícias passaram a ser subdivididas em *hard news* (notícias "duras", segundo os acontecimentos) e *soft news* (notícias "brandas", ocorrências sem grande importância, geralmente guardadas e difundidas apenas quando for conveniente).

Dessa forma, nos conceitos de Tuchman (citada por Bronoski; Barretta; Cervi, 2010, p. 2) "*soft news* tratam de temas socialmente menos relevantes, abordados com uma liberdade narrativa maior e aproximando os conteúdos do cotidiano mais imediato do público". Exemplo disso são as coberturas de cultura, esporte e entretenimento. "Já as *hard news* são escritas de forma mais objetiva e informativa, visando a [sic] imparcialidade do texto por extinguir dele qualquer subjetividade. Têm-se como exemplos política, saúde, educação, segurança, infraestrutura pública, economia etc." (Tuchman, 1978, citada por Bronoski; Barretta; Cervi, 2010, p. 2). Em resumo, a primeira trata de temas mais leves, mais agradáveis; a segunda trata de temas pesados, que exigem mais esforço e concentração na leitura.

Outra analogia possível diz respeito ao "quente" e "frio". As *hot news*, notícias "quentes", seriam aquelas que, sendo *hard news*, reportam fatos muito recentes. As *soft news* são as notícias que dizem respeito a acontecimentos imprevistos, ou que são "frios" porque sua publicação não depende do imediatismo ou da proximidade com o momento do acontecimento. Ou seja, quanto mais próxima estiver a divulgação do fato em relação ao momento do ocorrido, mais quente (*hot*) será a notícia. Por fim, existem ainda as *running stories*, notícias em desenvolvimento enquanto os acontecimentos são tornados públicos.

> - **Hard news** – Caracterizadas por pautas nas áreas de política, ciência e economia. Podem ser imprevistos, situações presentes ou casos que estão acontecendo. São chamadas de *assuntos do dia* ou *factuais*. Essas notícias têm data de validade e não se espera para divulgá-las, pois as informações podem ficar desatualizadas.
> - **Soft news** – Chamadas de *pautas frias*, são ligadas a áreas de entretenimento, esportes, cultura e comportamento. Estão em todos os veículos, mas ganham cada vez mais espaço no jornalismo segmentado, que cobre os mais variados assuntos: cuidado com animais (*pets*), arquitetura, beleza e saúde. Em alguns casos, são chamadas de *notícias de gaveta*, pois podem ser publicadas em qualquer dia sem prejuízo da informação.

∴ Técnicas de reportagem

Luiz Beltrão foi um dos primeiros a classificar os conteúdos jornalísticos em gêneros. Ele tratou da temática em três livros na década de 1960, a respeito do jornalismo informativo, interpretativo e opinativo. Ao lado de José Marques de Melo, identificou a reportagem como gênero informativo, assim como a notícia. Costa (2010), por sua vez, sugere que a reportagem também se enquadra no gênero interpretativo, nos casos em que apresenta característica de "reportagem de profundidade", como dito por Beltrão. Há casos em que pode ser classificada como um gênero autônomo.

Chaparro (1998) indica dois gêneros possíveis de reportagem: a objetiva, que informa e relata acontecimentos e pode ser dividida em quatro modalidades (de acontecimentos, de ação, de citações e de seguimento), e a interpretativa, centrada na interpretação e na análise. Assim, a reportagem é um gênero cuja abordagem traz "uma perspectiva de aprofundamento, ultrapassando, para isso, os limites impostos pela mera descrição do factual, apresentando impactos, contexto, desdobramentos e antecedentes, entre outros elementos que incrementam o tema de que trata" (Costa, 2010, p. 249).

Sob a perspectiva de Costa (2010), a reportagem se caracteriza pelo uso de uma proposta que busca despertar o interesse do leitor e inverte o processo de produção da notícia, quando o fato se impõe. Na reportagem, por exemplo, os fatos a serem apurados são determinados a partir do planejamento, este colocado em primeiro lugar.

Para Carvalho e König (2017), em geral, a definição conceitual de reportagem está associada a sua distinção em relação à notícia.

> Se a notícia pode ser entendida como o conteúdo jornalístico que expressa simbolicamente a objetividade jornalística, a reportagem é o que representa predominantemente a subjetividade jornalística. Na notícia, o jornalista trabalha com assuntos atuais, é curta, é construída de maneira clara e direta, é composta pelo lide e outros aspectos que a tornam de fácil consumo. A reportagem, por outro lado, é geralmente mais longa e traz elementos mais subjetivos para sua construção. (Carvalho; König, 2017, p. 115)

Dessa forma, os autores elencam oito itens principais que eles julgam entender como características definidoras da reportagem:

1. Geralmente envolve um processo de investigação mais aprofundado;
2. Conta com um maior número de fontes entrevistadas;
3. É maior do que a notícia;
4. Leva mais tempo para ser produzida;

5. A narrativa desconsidera a estrutura em pirâmide invertida e dá ênfase para aspectos contextuais do fato;
6. Conta com imagens, infográficos e/ou ilustrações;
7. Pode ser produzida por mais de um jornalista;
8. É composta, geralmente, pelo "nariz de cera", uma introdução que contextualiza o fato logo no início, substituindo o lead. (Carvalho; König, 2017, p. 115)

Essas observações nos permitem concluir que o reconhecimento da reportagem como um gênero jornalístico se dá considerando dois aspectos: a narrativa e o processo de produção adotado. Quando adota técnicas investigativas mais aprofundadas, o jornalismo resulta em reportagens. "Sendo assim, toda reportagem pode ser entendida como jornalismo investigativo, mas nem todo jornalismo investigativo resulta em reportagem, pois, a partir da classificação por gêneros, pode ser narrado de outra maneira" (Carvalho; König, 2017, p. 115). Concluímos, portanto, que o conceito de reportagem está relacionado ao procedimento de investigação.

Na classificação de Sodré e Ferrari (1986), há três tipos de reportagem: de fatos, de ação e documental. Para eles, a narrativa jornalística deve ser entendida como um "discurso capaz de evocar um mundo concebido como real, material e espiritual, situado em um espaço determinado" (Sodré; Ferrari, 1986, p. 11). O resultado pode ser notícia ou reportagem e o que diferenciará uma de outra é a forma como os fatos serão tratados. Será notícia se o discurso for "absolutamente descritivo, documental – só há referências ao que pode ser visto ou constatado" (Sodré; Ferrari, 1986, p. 19). Será reportagem quando

> o procedimento do discurso é outro: narrativo, reconstitui as ações e as presentifica, como se estivessem ocorrendo. A aproximação com o leitor é maior, na medida em que se pode acompanhar o desenrolar dos acontecimentos quase como testemunha. Esse tipo de relato se apoia na ação e no detalhamento. Tenta reproduzir os fatos realizando-os para o leitor. (Sodré; Ferrari, 1986, p. 21)

O jornalismo se caracteriza pelo uso da narrativa e a reportagem seria um gênero discursivo entre as construções discursivas possíveis. Na busca por compreender o que é reportagem, Lage (2008) também parte do processo de produção jornalística e considera fundamentais algumas etapas, como a elaboração da pauta, a consulta a fontes de informação, a entrevista, a pesquisa e a checagem. Para ele, tudo o que segue esses passos é reportagem e pode resultar em diferentes narrativas. "Assim, reportagem ganha *status* de procedimento jornalístico e não gênero e, portanto, todo trabalho jornalístico que inclua apuração é um trabalho de reportagem" (Carvalho; König, 2017, p. 116).

Há, no entanto, reportagens que demandam mais esforço dos jornalistas, chamadas de *reportagens investigativas*. Para efeito de uma definição de *jornalismo investigativo*, Hunter (2013, p. 8) entende-o como a atividade que

> envolve expor ao público questões que estão ocultas – seja deliberadamente por alguém em uma posição de poder, ou acidentalmente, por trás de uma massa desconexa de fatos e circunstâncias que obscurecem a entendimento. Ele requer o uso tanto de fontes e documentos secretos quanto divulgados.

Conforme essa conceituação, a ausência desses elementos "reduziria" o trabalho jornalístico a uma "cobertura convencional", que requer menos esforço do que a cobertura investigativa. Em sintonia com Lage (2008), para quem todo trabalho jornalístico de apuração é reportagem, Hunter (2013) reconhece que a reportagem pode resultar desses dois tipos de cobertura, mas salientam que a cobertura investigativa goza de um valor maior. A diferença nem é tão sutil assim, segundo uma comparação dos autores.

Na cobertura convencional, "a reportagem é vista como um reflexo do mundo, que é aceito assim como ele está dado. O(a) repórter não espera obter resultados além de informar o público", enquanto na cobertura investigativa "o(a) repórter se recusa a aceitar o mundo como ele se apresenta. A história visa a penetrar ou expor uma dada situação, para que seja reformada ou denunciada, ou, em certos casos, para que se promova um exemplo de um caminho melhor" (Hunter, 2013, p. 9).

O processo de seleção dos acontecimentos é o ponto de partida quando se buscam elementos que dissociem a reportagem de outros conteúdos jornalísticos. "Se na produção do cotidiano o jornalista deve se ater aos principais acontecimentos do dia, procurando prever alguns destes, na cobertura investigativa o início do trabalho se dá por meio da formulação de uma hipótese" (Carvalho; König, 2017, p. 117). Nesse ponto, é importante explicar como se dá um trabalho baseado em uma hipótese.

"Em essência, ele se baseia em um truque mental. Você cria uma afirmação daquilo que pensa que a realidade é, com base nas melhores informações de que você dispõe, e, então, procura novas informações que possam provar ou refutar a sua afirmação. Esse é o processo de verificação." (Hunter, 2013, p. 18).

Em geral, os jornalistas tendem a valorizar mais a cobertura investigativa do que a cobertura convencional. Os jornalistas investigativos são mais bem remunerados, dispõem de mais prestígio e de mais tempo para investigar. Com tempo inclusive para refletir sobre os próprios modos de produção jornalística, o profissional tem condições de apresentar uma reportagem mais qualificada, mais precisa e, portanto, com menores chances de erros.

Quando vai além da cobertura factual, a reportagem geralmente parte da observação do jornalista. Ele percebe um fato do cotidiano que merece uma investigação mais aprofundada. Pode ter origem, ainda, numa denúncia ou sugestão do público. A partir dessa ideia, o jornalista busca informações que o ajudem a obter mais detalhes sobre aquele assunto ou acontecimento.

Os personagens são fundamentais para a humanização da notícia: não são apenas números e palavras. Os personagens geram identificação, exemplificam e dão peso às reportagens. São fontes importantes a serem consultadas e dão vida ao texto. Além disso, o bom repórter deve agregar a essas "histórias reais" dados e estatísticas que demonstrem que aquela não é uma situação isolada, mas que reflete um quadro social. Isso dá relevância ao tema. O bom repórter deve saber coletar essas informações em *sites*, departamentos e organizações que tenham estatísticas para fundamentar o tema a ser reportado. Precisa entrevistar autoridades sobre o tema, especialistas no assunto e ouvir a opinião da população.

Cada uma dessas entrevistas vai formando esse emaranhado de informações sobre o tema, que precisa ser compilado e selecionado para a próxima etapa: a redação. Não adianta ter feito grandes entrevistas, obtido dados fantásticos e personagens significativos se você não souber contar essa história por meio de um belo texto. A narrativa jornalística é parte crucial para a reportagem. Independentemente do meio de comunicação – rádio, TV, *web*, jornal, revista etc. –, é preciso ter um texto de qualidade, em que se vai contando cada uma das descobertas, revelando a notícia para o público. O editor vai auxiliar nesse aspecto, ajudando o repórter a encontrar o lide da matéria, ou seja, as respostas que a reportagem deve trazer e as informações principais que merecem destaque nos títulos e nas imagens.

Veja agora como Muniz Sodré e Maria Helena Ferrari (1986) classificam a reportagem em três categorias, dependendo do tipo de relato usado pelo jornalista para descrever os acontecimentos.

Reportagem de fatos (*fact-story*)

> Trata-se do relato objetivo dos acontecimentos, que obedece na redação à forma de pirâmide invertida. Como na notícia, os fatos são narrados em sucessão, por ordem de importância. Em reportagens televisivas, quando se cobrem grandes acontecimentos, a edição parte do anúncio do fato (a exemplo do lide da notícia), mas pode fazer de cada *flash* uma pequena notícia independente. (Sodré; Ferrari, 1986, p. 45)

Reportagem de ação (*action-story*)

É o relato mais ou menos movimentado, que começa sempre pelo fato mais atraente, para ir descendo aos poucos na exposição dos detalhes. O importante, nessas reportagens, é o desenrolar dos acontecimentos de maneira enunciante, próxima ao leitor, que fica envolvido com a visualização das cenas, como num filme. Na TV, o repórter participa da ação e deixa de ser um mero observador, para tornar-se parte da narrativa. [...] o repórter está no meio dos acontecimentos. O testemunho é importante em relatos desse tipo, pois confere maior realismo e credibilidade à ação. (Sodré; Ferrari, 1986, p. 52-54)

Reportagem documental (*quote-story*)

É o relato documentado, que apresenta os elementos de maneira objetiva, acompanhados de citações que complementam e esclarecem o assunto tratado. Comum no jornalismo escrito, esse modelo é mais habitual nos documentários da televisão ou do cinema. A reportagem documental é expositiva e aproxima-se da pesquisa. Às vezes, tem caráter denunciante. Mas, na maioria dos casos, apoiada em dados que lhe conferem fundamentação, adquire cunho pedagógico e se pronuncia a respeito do tema em questão. (Sodré; Ferrari, 1986, p. 64)

∴ Técnicas de checagem de dados

Escolhido um tema para uma cobertura, o passo seguinte consiste em avaliar se isso levará a uma reportagem importante e de interesse público. Em seguida, cabe conferir se a hipótese que se tem sobre os fatos corresponde à verdade. Nem sempre corresponde. Para saber, é preciso checar. Em tese, qualquer pessoa pode falsificar documentos se tiver acesso a recursos mínimos que permitam fazer isso. E aí temos um quadro falso da realidade. O jornalista deve ter cuidado para não ser vítima de informantes que tentam usá-lo para neutralizar rivais, remover obstáculos e atender a suas ambições.

A essa altura, não restam dúvidas sobre a importância da apuração das notícias para que a informação que irá ao público tenha o máximo de elementos que apontem para sua veracidade. A apuração começa ainda na pré-produção, quando o jornalista tem um *insight* ou recebe uma informação. É nesse momento que começa a ligar para as fontes, consultar documentos, confrontar materiais e verificar se a pista ou a ideia de tema se confirma ou não. O trabalho de checagem das informações não para nunca, deve continuar durante toda a produção da reportagem.

Para Pereira Junior (2009, p. 87), o "jornalista não pode se contentar com apenas um (ou poucos) aspecto da história". É preciso validar a informação com, pelo menos, duas outras fontes. Portanto, a checagem dos dados consiste em confirmar com outras pessoas ou documentos cada informação antes de concluir a matéria.

O bom jornalista sempre duvida de tudo. Duvidar faz parte da boa checagem. O depoimento de alguém não garante a veracidade. A rotina acelerada no meio jornalístico não pode justificar uma checagem nula ou fraca. Os prazos dos jornalistas são sempre curtos, a entrega das matérias ou o *deadline* sempre estará em cima da hora. Nem assim se pode abrir mão da checagem. Uma apuração de qualidade requer uma informação precisa, verificada e checada várias vezes.

Uma boa alternativa para fugir das armadilhas da imprecisão jornalística é criar critérios de adequação de provas. Depois de fazer uma lista de fontes para chegar às evidências necessárias, você terá de decidir o que pode ser considerado prova para a sua hipótese ou uma resposta adequada para sua pergunta. Será suficiente provar que o deputado recebeu vantagens indevidas e por isso votou a favor dos interesses do governo? Ou será que é preciso analisar as opiniões do deputado em relação à votação da pauta do governo e se a opinião dele mudou depois de receber o suborno?

Será suficiente provar que a companhia de saneamento baixou o nível de controle de qualidade da água ou será que se deve procurar saber quais as consequências para o consumidor de um controle mais frouxo? Repórteres experientes não se limitam a reunir as evidências que confirmam sua hipótese, mas também as contraditórias, que podem refutá-la. É necessário avaliar se há ou não lógica nas evidências. Por exemplo, um prefeito se deixaria subornar por um valor pouco superior a seu salário? Isso é um ponto sobre o qual se deve refletir.

Temos de levar em conta que as provas contraditórias podem ser nossas aliadas, uma forma de evitar a armadilha da autoconfiança. É importante fazer a si mesmo algumas perguntas, como:

1. O que pode ser considerado uma prova definitiva?
2. O que é uma prova confiável (quantas e quais são as fontes)?
3. O que poderia invalidar as minhas evidências?
4. Quais evidências vão precisar de uma checagem mais cuidadosa?

Esses cuidados são necessários para ficar muito clara sua noção de prova em relação ao tema investigado. Às vezes, é possível provar a totalidade de uma hipótese e, às vezes, só se consegue reunir evidências suficientes para demonstrar a possiblidade de a hipótese estar correta. Tanto num caso como no outro é importante deixar claro no texto se o que está sendo levado ao público é uma prova indiscutível ou apenas uma probabilidade.

Mas não basta ter todas as provas se o material não estiver ordenado. Incluir as informações numa planilha ajuda a cruzá-las para levar a investigação adiante. Assim, ficará mais claro o que falta pesquisar e as fontes a consultar. Algumas perguntas podem ajudar na orientação da pauta: Qual é o objetivo da reportagem? Em quais fontes posso encontrar mais informações? Quais são as fontes primárias e secundárias? Que peso devo dar a uma fonte e outra?

A esse respeito, vale lembrar o ensinamento de Pereira Junior (2009, p. 71):

> O que distinguirá o jornalista serão os passos que ele der para atingir o "disponível" que chamamos de real, seus critérios para não se deixar levar por falhas de percepção, pela rotina produtiva, pelo engano das fontes. É a sua disciplina de verificação. A notícia é construída no cuidado com a verificação, sobre o alicerce do levantamento de informações.

Pereira Junior (2009, p. 89) cita uma lista de checagem sistematizada pela Associação Norte-americana de Editores de Jornais (Asne) e traduzida pela Associação Nacional de Jornais (ANJ). Confira esse *check-list*:

( ) Chequei ao menos duas vezes todos os nomes, títulos mencionados e informações citadas na matéria?
( ) Se há números de telefones e endereços eletrônicos, foram testados e novamente checados?

( ) Todas as citações são precisas e estão atribuídas corretamente? Elas captam com exatidão o que disseram os entrevistados? Entendemos plenamente o que a fonte quis dizer?

( ) As informações de pesquisa estão completas? Permitem entender a matéria completa?

( ) As informações do lide são suficientemente respaldadas? O lide tem consistência?

( ) A matéria é justa? Todos os envolvidos foram identificados, contatados e tiveram a oportunidade de falar? Alguém vai ficar aborrecido ou zangado com essa matéria amanhã? Por quê? Para nós, essa reação estará bem? Nós apuramos as informações paralelas? Nós tomamos partido ou fizemos juízo de valor a respeito do resultado que pretendemos (mesmo de forma sutil)? Alguém gostará mais da matéria do que deveria?

( ) O que está faltando?

Fonte: Pereira Junior, 2009, p. 89.

Síntese

É da natureza do jornalismo revelar o que está encoberto, o que ainda não se sabe, revelar fatos novos sobre determinado assunto. Desse modo, a pesquisa é essencial na rotina jornalística. Mas como e onde pesquisar sobre um fenômeno? Como descobrir algo que ninguém sabe? Quais tipos de pesquisa nos levam a informações novas e relevantes? Há dois tipos principais de pesquisa, usados não apenas por jornalistas, mas por pesquisadores das mais diversas áreas das ciências sociais: a quantitativa e a qualitativa.

A pesquisa quantitativa busca dimensionar um fenômeno por meio de estatísticas, números e porcentuais. Já a pesquisa qualitativa é mais analítica, preocupa-se menos com números e mais com a interpretação dos acontecimentos e o registro da opinião e das impressões das pessoas envolvidas ou que são afetadas por determinado assunto. A maioria das entrevistas jornalísticas tem caráter qualitativo.

Certos aspectos do mundo social só podem ser alcançados por meio de um método de pesquisa, seja no jornalismo, seja no meio acadêmico, e cada método ou técnica fornecerá uma perspectiva diferente desse mesmo mundo social. Do ponto de vista epistemológico, qualquer pesquisa científica estruturada parte da existência de um problema, sem o qual não há o que ser investigado.

Becker (1997), por exemplo, considera que os métodos qualitativos não são tão diferentes dos métodos quantitativos quanto comumente pensam os sociólogos. Para ele, os mesmos princípios subjacentes se aplicam a ambas as maneiras de trabalhar. O autor observa ainda que uma entrevista é frequentemente qualificada de bem-sucedida precisamente pelo grau em que consegue trazer à tona atitudes cínicas e não idealistas (Becker, 1997).

Felipe Pena (2008) descreve alguns métodos de pesquisa que podem ser usados pelos jornalistas: observação direta, observação direta participativa, observação indireta, coleta, levantamento e análise. Já a entrevista como método de pesquisa jornalística consiste em uma dinâmica de Perguntas & respostas. Quanto melhor for a pergunta, melhor será a resposta. O entrevistador deve ser o condutor da entrevista, mas ele só estará no comando se estiver bem preparado. Os melhores entrevistadores sabem explorar o jogo de Perguntas & respostas e conseguem arrancar do entrevistado até declarações que ele não pretendia dar.

No caso do jornalismo, a pesquisa resultará numa matéria que pode ser tanto uma notícia quanto uma reportagem. A notícia é a matéria-prima do jornalismo. Ainda que se atribua à reportagem uma aura mais nobre, não há jornalismo sem notícias, mesmo que sua vida útil seja de poucas horas diante da profusão de acontecimentos atualizados minuto a minuto nos *sites* noticiosos. Quando vai além da cobertura factual, a reportagem geralmente parte da observação do jornalista, que percebe um fato do cotidiano merecedor de uma investigação mais aprofundada. Sodré e Ferrari (1986) classificam a reportagem em três categorias, dependendo do tipo de relato usado pelo jornalista para descrever os acontecimentos: reportagem de fatos, reportagem de ação e reportagem documental.

Escolhido um tema para uma cobertura, o passo seguinte consiste em avaliar se isso levará a uma reportagem importante e de interesse público. Em seguida, cabe conferir se a hipótese que se tem sobre os fatos corresponde à verdade. Nem sempre corresponde. Para saber, é preciso checar. Em tese, qualquer pessoa pode falsificar documentos se tiver acesso a recursos mínimos que permitam fazer isso. E aí temos um quadro falso da realidade. O jornalista deve ter cuidado para não ser vítima de informantes que tentam usá-lo para neutralizar rivais, remover obstáculos e atender a suas ambições.

Estudo de caso

Três entrevistas que abalaram o Brasil
Muitos jornalistas sonham com a possibilidade de uma reportagem de abalar a República, derrubar governos, incomodar os

poderosos. Mas nem sempre se dão conta de que o primeiro passo está em algo tão comum quanto negligenciado no jornalismo: a entrevista. Tão importante quanto criar a oportunidade para uma boa entrevista é também saber aproveitar o potencial de um entrevistado que se apresenta de "mão beijada". A imprensa brasileira tem três bons exemplos disso.

Em 1944, Samuel Wainer fechou a revista *Diretrizes* e saiu do país por causa da ditadura de Getúlio Vargas, ou Estado Novo (1937-1945). Seis anos depois, fez a entrevista que o faria retomar a Presidência. De volta ao Brasil, Wainer foi contratado pelos Diários Associados e, em fevereiro de 1949, durante o período da sucessão presidencial de Eurico Dutra, viajou ao Rio Grande do Sul para fazer reportagens sobre agricultura. Aproveitou para tentar uma entrevista com Vargas, que estava recluso desde a saída do poder e vinha evitando dar declarações à imprensa.

Recebido por Vargas, publicou nos jornais dos Diários Associados uma entrevista na qual o ex-presidente afirmava: "Voltarei como líder de massas". Vargas venceu as eleições de 1950 e, em retribuição, Wainer recebeu apoio para abrir o jornal *Última Hora*. Em 23 de agosto de 1954, no auge da crise governamental, Vargas pediu a Wainer que a manchete do dia seguinte fosse "Só morto sairei do Catete". E foi com essa manchete que o Última Hora circulou em 24 de agosto, dia em que o presidente se matou com um tiro no peito.

Já a queda de Fernando Collor começou em 24 de maio de 1992, quando a revista *Veja* publicou entrevista em que Pedro Collor acusa o irmão de se associar a Paulo César (PC) Farias em negócios ilícitos. Pedro Collor disse que PC Farias era "testa de ferro" e agia em nome do presidente para arrecadar dinheiro a fim de custear gastos pessoais e de campanhas políticas. Falou ainda que Fernando Collor tinha um apartamento em Paris e era viciado em drogas. A causa das denúncias foi uma disputa pelo controle das empresas da família.

A grande imprensa repercutiu a entrevista e as novas acusações foram minando a sustentação política de Collor, até que, em 27 de maio de 1992, o Congresso Nacional acatou uma solicitação do Partido dos Trabalhadores (PT) e instaurou uma CPI para investigar as denúncias contra o presidente. Um mês depois, em 28 de junho, a revista *IstoÉ* publicou entrevista em que o motorista Eriberto França afirmava que a empresa Brasil-Jet, de PC Farias, pagava as contas da Casa da Dinda, onde o presidente morava. Acuado, Fernando Collor acabou renunciando à Presidência em 29 de dezembro daquele ano.

Uma terceira entrevista que mudou os rumos do país foi publicada pela *Folha de S.Paulo* em 6 de junho de 2005. Em entrevista à jornalista Renata Lo Prete, o presidente do Partido Trabalhista Brasileiro (PTB), Roberto Jefferson, afirmou que o tesoureiro do PT, Delúbio Soares, pagava uma mensalidade de R$ 30 mil a deputados para votarem conforme os interesses do governo no Congresso Nacional. Segundo ele, o operador do "mensalão" era o empresário Marcos Valério de Souza, por meio dos contratos de muitos órgãos públicos com suas agências de publicidade, SMP&B e DNA.

O Supremo Tribunal Federal (STF) deu início, no dia 2 de agosto de 2012, ao julgamento dos 38 réus do "mensalão". O deputado federal Roberto Jefferson, que denunciou o esquema de compras de votos no Congresso pelo governo Lula, teve o mandato cassado e foi condenado a 7 anos e 14 dias de prisão por receber R$ 4,5 milhões do "valerioduto". Integrantes da cúpula do PT também foram condenados a penas que variaram de 6 a 10 anos de detenção.

Perguntas & respostas

Qual a diferença entre *hard news* e *soft news*?
Hard news são as notícias factuais, mais "duras", e *soft news* são as pautas frias, mais brandas. Exemplo de *hard news* são as coberturas de política, saúde, educação, segurança, economia. Exemplo de *soft news* são as coberturas de cultura, esporte e entretenimento.

Qual é a melhor forma de fazer entrevista, por *e-mail*, por telefone ou pessoalmente?

Nenhum recurso tecnológico substitui a entrevista frente a frente, momento em que o jornalista consegue observar as reações do entrevistado, o que pode ajudar na produção da matéria. Deve-se optar pelo *e-mail* ou telefone apenas quando não for possível estar diante do entrevistado.

O que é uma observação direta participativa em uma pesquisa jornalística?

Primeiro é preciso entender o que é uma observação direta, que acontece quando o jornalista tem contato direto com os acontecimentos, sem intermediários. É quando o repórter presencia um fato e faz a cobertura. Já a observação direta participativa é quando o jornalista não apenas presencia o fato, mas se insere naquela realidade e participa do que está acontecendo, para reproduzir a situação com mais propriedade. Exemplo: quando o jornalista se passa por morador de rua para retratar a realidade das pessoas que vivem nessas condições.

Questões para revisão

1. O jornalista deve ter cuidado para não ser vítima de informantes que tentam usá-lo para neutralizar rivais, remover obstáculos e atender às suas ambições. Não restam dúvidas sobre a importância da apuração das notícias para que a informação que irá ao público tenha o máximo de elementos que apontem para sua veracidade. O trabalho de checagem das informações não para nunca, deve continuar durante toda a produção da reportagem. Por que isso é necessário?

2. A pesquisa qualitativa e a pesquisa quantitativa são dois métodos muito usados no jornalismo. Qual a diferença entre uma e outra e como cada uma delas pode ser aplicada na produção de uma notícia ou reportagem?

3. Muniz Sodré e Maria Helena Ferrari (1986) classificam a reportagem em três categorias, dependendo do tipo de relato usado pelo jornalista para descrever os acontecimentos. Aponte quais são elas:
    a) Reportagem verdade, reportagem objetiva, reportagem especial.
    b) Reportagem de fatos, reportagem de ação e reportagem documental.

- c) Reportagem investigativa, reportagem interpretativa, reportagem literária.
- d) Reportagem investigativa, reportagem especial, reportagem analítica.
- e) Reportagem de impacto, reportagem de amenidade, reportagem de profundidade.

4. Assinale a alternativa correta sobre os procedimentos que um jornalista deve adotar para fazer uma entrevista:
    - a) Só fazer perguntas quando o entrevistado permitir.
    - b) Ter o mesmo nível de conhecimento que o entrevistado sobre o assunto tratado.
    - c) Fazer pesquisas e preparar-se para melhorar as condições de diálogo com o entrevistado.
    - d) Evitar fazer perguntas incômodas para o entrevistado, como o envolvimento dele em um escândalo, por exemplo.
    - e) Nunca olhar nos olhos do entrevistado enquanto ele estiver falando.

5. Muniz Sodré e Maria Helena Ferrari (1986) classificam a reportagem em reportagem de fatos, reportagem de ação e reportagem documental, dependendo do tipo de relato usado pelo jornalista para descrever os acontecimentos. Quais são as características da reportagem de fatos?

a) Relato movimentado, que começa pelo fato mais atraente e continua com a exposição de detalhes do acontecimento.
b) Relato documentado, com os elementos apresentados de maneira objetiva e seguidos de citações para explicar os acontecimentos.
c) Relato objetivo dos acontecimentos, obedecendo à pirâmide invertida, fatos narrados em sucessão por ordem de importância.
d) Relato pessoal, em que o jornalista apresenta a sua visão de mundo sobre os acontecimentos retratados.
e) Relato feito apenas com base em fontes oficiais e documentos reconhecidos publicamente como verdadeiros.

Questões para reflexão

1. Há dois tipos principais de pesquisa, usados não apenas por jornalistas, mas por pesquisadores das mais diversas áreas das ciências sociais: a quantitativa e a qualitativa. A pesquisa quantitativa busca dimensionar um fenômeno por meio de estatísticas, números e porcentuais. Já a pesquisa qualitativa é mais analítica, preocupa-se menos com números e mais com a interpretação dos acontecimentos e o registro da opinião e das impressões das pessoas envolvidas ou que

são afetadas por determinado assunto. Reflita sobre as vantagens e desvantagens de uma e de outra no processo de produção jornalística.

2. Uma boa alternativa para fugir das armadilhas da imprecisão jornalística é criar critérios de adequação de provas. Depois de fazer uma lista de fontes para chegar às evidências necessárias, você terá de decidir o que pode ser considerado prova para sua hipótese ou uma resposta adequada para sua pergunta. Deve-se levar em conta que as provas contraditórias podem ser aliadas, uma forma de evitar a armadilha da autoconfiança. Uma alternativa é fazer para si mesmo algumas perguntas. Você conseguiria pensar em algumas neste momento?

3. A entrevista consiste em uma dinâmica de Perguntas & respostas. Em geral, quanto melhor for a pergunta, melhor será a resposta. Reflita sobre como o jornalista deve proceder antes de uma entrevista.

Capítulo
06

Produção e edição de matérias

Conteúdos do capítulo:

- Hora de escolher o que fica e o que sai.
- Revisão do texto falado.
- Revisão do texto de TV.
- Couraça do editor.
- Fechamento da edição.
- Revisão de acordo com a linguagem jornalística.
- Formas de avaliação dos veículos jornalísticos.
- *Ombudsman* e conselho editorial.
- Comunicação de erros.

6.1
Hora de escolher o que fica e o que sai

O termo *matéria* é usado no jornalismo para designar o resultado de um trabalho jornalístico, é o texto em que as informações são levadas ao público de forma organizada segundo critérios de importância – os critérios de noticiabilidade, que vimos em capítulo anterior deste livro. Quando um jornalista diz que está fazendo uma matéria, está se referindo a uma notícia, uma reportagem, uma crítica, um artigo ou uma entrevista. A produção de uma matéria pressupõe seguir todos os passos já mencionados neste livro: parte-se da pauta; depois, realizam-se a entrevista com as fontes e o levantamento de dados; em seguida, fazem-se a compilação das informações e a redação do texto, que será editado e publicado.

É na fase da produção que geralmente se escolhe o gancho da matéria e se deve ficar atento aos detalhes que darão corpo à história e a tornarão compreensível. Às vezes, temos a impressão de estarmos sendo claros quando, na verdade, nossa mensagem está truncada. Nem tudo o que está claro para mim estará claro para o outro. Um bom exercício nessa hora é colocar-se no lugar do público, seja ele um leitor de impresso ou da internet, seja um ouvinte ou telespectador. Ler o próprio texto com um olhar crítico, ou pedir a alguém que o leia antes de publicá-lo, é uma forma de identificar eventuais imprecisões ou incompletudes na narrativa.

Concluído o texto, é hora de editá-lo. Editar é selecionar, fazer escolhas, descartar parte do texto, incluir informações. Ao editor, cabe o julgamento final sobre o que é mais ou menos importante na matéria, cortar os excessos do texto, corrigir deslizes do repórter, alterar a ordem dos parágrafos, selecionar a informação que será manchete, pensar no melhor título, escolher as melhores imagens e fazer as legendas. Mas isso não é um trabalho arbitrário. Embora tenha esse poder de decisão, o editor muitas vezes consulta o repórter sobre eventuais mudanças de foco da matéria. Há editores, no entanto, que tomam essa decisão por conta própria.

Ao ler o texto, o editor procura identificar o que é notícia, o que é mais relevante para o público e deve chamar mais a atenção. Essa informação deve estar no título e no subtítulo. Na hora de selecionar trechos das entrevistas para as aspas (citações diretas) ou para as sonoras (no rádio ou na TV), ele busca fragmentos da fala que resumam os fatos, sintetizem a informação ou a posição do entrevistado. A essa altura, pressupõe-se que a contextualização da notícia, os dados e as estatísticas já estejam no texto do repórter.

O trabalho de edição não é aleatório; segue parâmetros, como a linha editorial, os critérios de noticiabilidade, os manuais de produção e redação, o código de ética dos jornalistas. Ainda assim, é uma função que depende muito do juízo individual de cada editor e do *feeling* jornalístico, ou seja, da experiência que permite ao jornalista saber o que é mais ou menos importante para o público.

No caso da TV, a edição é a montagem final da reportagem que irá ao telejornal. Na maioria das emissoras, o repórter entrega a reportagem bruta e sai para cumprir outra pauta. Então, começa o trabalho do editor. Em matérias especiais, há uma conversa entre o repórter e o editor para finalizar a matéria, mas isso é uma exceção no telejornalismo, pois, em geral, todos são pressionados pelo *deadline* (a hora do fechamento). Editores de TV estão sempre sob pressão do tempo. São eles que escrevem cabeças e pés de matérias e notas que compõem o *script* do telejornal. Uma matéria de 1 minuto e 30 segundos pode levar duas horas ou mais para ser editada, dependendo da disponibilidade das imagens e da complexidade da cobertura.

A edição começa com a decupagem do material entregue pelo repórter, quando o editor anota os detalhes das imagens, das sonoras, da passagem e do *off* do repórter. Depois, ele seleciona o que vai usar e começa a montar a matéria numa ordem que dê sentido à história que está sendo contada. Deve pensar ainda em qual informação vai para a cabeça (será lida pelo apresentador) para não repeti-la no corpo da matéria. Também deve ficar atento às informações visuais que mais chamam atenção: um choro, uma risada, o desabafo de um entrevistado, por exemplo.

Segundo classificação de Pereira Junior (2006), no caso do impresso, estas são as funções do editor conforme cada tipo de veículo:

- definir um espaço (se a informação merecerá página inteira, meia ou uma nota);
- determinar seu lugar (se alto da página, rodapé, lateral em uma coluna etc.);
- considerar se haverá foto (e de que tamanho) e qual o número de retrancas secundárias;
- privilegiar, e até premiar, o trabalho feito no tempo e no espaço estipulado. (Pereira Junior, 2006, p. 22)

Já no rádio e na TV, são estas as funções do editor:

- delimitar o tempo de exposição de um assunto;
- encadear a informação com outras notícias de diferentes cargas (positivas, negativas ou neutras, curtas ou longas);
- escolher personagens e cenas (no caso do rádio, momentos). (Pereira Junior, 2006, p. 22)

No caso da internet, o trabalho de edição ocorre, por exemplo, quando:

> - se segmenta a nota de última hora e as que terão espaço e imagens na *homepage*;
> - se cria "sanfonas" de informação, dando à notícia maior ou menor volume de *links* e acervo de imagens e vídeos a navegar. (Pereira Junior, 2006, p. 22-23)

Em última análise, editar significa escolher. E a escolha de determinadas imagens ou abordagens do assunto implica o descarte de outras. "Um evento pode até ser bem investigado e redigido. Ainda assim, pode perder-se ao ser editado" (Pereira Junior, 2006, p. 23).

∴ Revisão do texto falado

A boa retórica é importante, mas não basta para quem quer trabalhar em rádio e TV. Não é só se postar diante do microfone e desandar a falar. O texto para esses meios deve ser produzido, pensado e revisto antes de ir ao ar. Embora nem sempre haja tempo suficiente para rever e repensar a construção textual, um exercício que ajuda a evitar erros é ler em voz alta o que foi escrito para o *off*, a cabeça do programa ou a escalada. Rádio e

TV trabalham com o texto falado. Uma má organização das ideias pode tornar o texto incompreensivo ou a junção de uma palavra com a seguinte pode gerar cacofonia (Exemplo: "por cada", "ela tinha", "vi ela" "já que tinha", "na boca dela").

∴ Revisão do texto de TV

Na hora de revisar o texto de TV, é importante lembrar que as imagens fazem parte da história a ser contada. A fala, o *off* ou a passagem devem complementar as imagens, e não tentar descrevê-las, caso o repórter já esteja mostrando a cena. Evite a redundância de informações (repetindo-a em texto e imagem simultaneamente) e lembre que a memória visual do telespectador é sempre melhor do que a memória auditiva.

O tempo em TV é sempre muito escasso, seja para a produção do material, seja para sua exibição. Surpresas nem sempre são desejáveis, por isso o repórter deve comunicar o editor sobre eventuais mudanças de curso na produção do material. Quando a equipe perceber que tem um bom material em mãos, imagens exclusivas ou boas declarações, o editor-chefe deve ser informado, já que é dele a decisão de repaginar o jornal, dar mais destaque ao assunto e incluir a notícia na escalada ou na passagem de bloco.

∴ Couraça do editor

Segundo Pereira Junior (2006), o editor em geral constrói uma couraça de caráter organizacional por meio da qual acaba apresentando a "seleção dos fatos" de acordo com a linha editorial ou o "pensamento" do veículo em que trabalha. Essa couraça, diz o autor, surge no contexto das decisões diárias. "São de início malícias editoriais, contextos de atuação, encaixes à lógica de produção noticiosa da empresa de mídia. Logo viram armadilhas recorrentes a afetar o julgamento na hora de dar relevância ao fato" (Pereira Junior, 2006, p. 29).

Muitos repórteres acabam se frustrando ao ver que nem sempre seu texto está a salvo de uma edição com matiz ideológico ou mercadológico. Com o passar do tempo, parte desses repórteres acabará assimilando a mesma couraça de caráter organizacional, à medida que for assimilando as normas da casa.

∴ Fechamento da edição

Não há fechamento de edição sem estresse na redação. Sob pressão do tempo, editores fazem os ajustes de última hora. O apresentador está na bancada para gravar mais uma chamada. Editores correm para organizar o material onde estão as matérias gravadas, imprimir a versão final do *script* e ajustar o tempo do conteúdo produzido para o telejornal e o tempo disponibilizado pela programação, considerando o espaço comercial no horário.

O fechamento já vinha sendo preparado fazia três horas pelo editor-chefe, na sala de reunião de pauta, depois de negociar com as praças da emissora para desenhar o pré-espelho do telejornal. Os editores das afiliadas são chamados para uma teleconferência, cada um para defender suas melhores matérias e brigar pela inclusão no telejornal. Cabe ao editor-chefe organizar a discussão e, ao final, decidir pela ordem de apresentação das matérias. Os critérios de escolha consideram as matérias que despertem interesse do telespectador ou que tenham maior abrangência.

Pouco antes do fechamento, o editor-chefe e o apresentador assistem às matérias editadas para a aprovação final. Enquanto isso, o editor-executivo seleciona material para a redação das escaladas – as frases de impacto que abrem o telejornal. A função da escalada é prender a atenção do telespectador, por isso têm de ser frases curtas em *takes* de poucos segundos com as principais imagens sobre o assunto.

Essa dinâmica dá uma ideia de como é o fechamento de uma edição de telejornal, mas esse também é o momento de maior correria e tensão na redação de um jornal ou de um radiojornal. É o momento de levantar todos os assuntos que a equipe da redação cobriu durante o dia, as matérias e fotos produzidas, os temas que ficaram de fora e que precisam entrar no jornal de alguma forma. Tudo se afunila no fechamento da edição, que depende do horário em que o material precisa ir ao ar ou para a gráfica.

O fechamento é a hora de decisões importantes: qual assunto será manchete, quais matérias vão abrir cada bloco ou caderno, quais fotos ou imagens terão destaque. São essas definições que determinam o jornal ou telejornal que chegará ao público. As escolhas poderiam ser outras se fossem outras as pessoas a ocupar os cargos de decisão. Existem inúmeras possibilidades de fechamento com as mesmas notícias. Daí a responsabilidade dessa função, comandada geralmente por alguém com bastante experiência na profissão.

Nem sempre são os critérios jornalísticos que definem as capas dos jornais ou as cabeças dos telejornais. Diante da concorrência, o editor precisa levar em conta o que pode chamar mais a atenção do leitor ou do telespectador. Por isso ele precisa estar atento ao assunto mais relevante para o público, ficar de olho no principal acontecimento do dia desde a reunião de pauta até os desdobramentos pouco antes do telejornal entrar no ar. O valor dado à notícia (se ela é mais ou menos importante) tem a ver com seu impacto, com os conflitos gerados pelo acontecimento e o número de pessoas envolvidas.

Suponhamos que você seja o editor-chefe de um jornal e tenha dois assuntos, entre os quais terá de decidir qual será a manchete. O primeiro trata da queda de um avião com mais de 100 mortos em determinado aeroporto do país. Temos aí vários critérios de noticiabilidade: morte, tragédia, proximidade, relevância, inesperado. O segundo assunto é a aprovação da reforma trabalhista no Congresso Nacional, com suspeitas de que deputados venderam apoio ao governo, autor da proposta. Qual seria sua manchete?

Um primeiro passo seria tentar imaginar quantas pessoas seriam impactadas pelas duas notícias. O acidente certamente geraria comoção no público, dadas as circunstâncias das mortes e as muitas histórias de dramas pessoais que a imprensa poderia explorar. Já a reforma trabalhista impactaria um contingente maior de pessoas, que gostariam de saber que serão afetadas pelas novas regras nas relações de trabalho.

Convém salientar que o que é importante para um veículo pode não ser para outro, depende da linha editorial e do público-alvo. Em uma publicação voltada a temas econômicos, a reforma trabalhista certamente seria a manchete. Já em uma publicação ligada à aviação, por exemplo, é provável que a queda do avião fosse a manchete, embora a reforma da previdência vá impactar os funcionários de todo tipo de empresas, inclusive de aviação.

∴ Revisão de acordo com a linguagem jornalística

De repente, o jornalista escreve "excessão". Pior: o erro passa batido pelo editor e só quem percebe é o leitor, inconformado com os atentados contra a língua portuguesa tão presentes nos veículos de imprensa. Diriam os jornalistas que os erros acontecem "por conta de" excesso de trabalho, estresse, cansaço, pressão do tempo, estímulos externos. E, ao tentar se explicar, empregam esse modismo no lugar da locução prepositiva correta, que seria "por causa de".

Qualquer material jornalístico deve ser revisado antes da publicação. Essa função cabe ao revisor de texto, profissional geralmente formado em Letras ou Jornalismo e, por vezes, com pós-graduação em revisão de texto. No entanto, esse cargo está em extinção. Com as redações cada vez menores, essa função passou a ser acumulada pelos editores, pelo próprio repórter e pelo corretor ortográfico do Word.

Deixar a revisão do texto por conta do próprio autor é um erro que leva a outros erros. Durante o processo da escrita, acontece de o repórter se "viciar" no texto a ponto de não conseguir enxergar as imprecisões, as lacunas ou a falta de informações. Nesse caso, outro olhar sobre nosso texto é fundamental. Porém, a quantidade começou a se sobrepor à qualidade a partir do início da década de 1980, quando o computador passou a ficar cada vez mais presente nas redações.

As novas tecnologias mudaram o processo de produção da notícia, exigindo maior versatilidade dos profissionais. Assim, o computador ocupa lugares antes pertencentes a seres humanos, o de revisor de texto entre eles. Algumas empresas de comunicação têm setores de avaliação de texto *a posteriori*, quando já impresso, para correções futuras. Aí, convenhamos, já é tarde. No webjornalismo, o erro pode ser consertado tão logo identificado, mas isso não exime o veículo de tê-lo publicado antes de identificá-lo.

Seja o repórter, seja o editor ou o revisor, não importa, o fato é que revisar o material antes da veiculação melhora a imagem do veículo e a qualidade da informação levada ao público. Há alguns parâmetros para orientar essa revisão:

- **Língua portuguesa** – O primeiro passo é fazer uma revisão ortográfica e gramatical para identificar eventuais "erros de português". Não se deve economizar rigor nessa tarefa, dando especial atenção às pontuações, ao uso de acentuação de forma correta, às concordâncias e regências nominais e verbais. Não se podem admitir esses erros no texto jornalístico.
- **Manual de redação** – Algumas empresas jornalísticas criam seus próprios manuais de redação. Além de tratar das principais regras da língua portuguesa, esses manuais orientam

sobre a forma de redação do texto jornalístico. Trata-se de um guia específico para jornalistas daquele veículo com orientações que precisam ser seguidas e verificadas na hora da revisão. Por exemplo, sobre o uso de siglas: o manual orienta se a sigla deve, ou não, ser explicada e como isso deve ser feito. Nome e cargos, qual vem antes? Essas normas internas devem ser guia também da revisão. Ainda que a empresa não tenha seu próprio manual de redação, é provável que siga algum guia.

- **Manual de produção** – Além das normas de português e de redação jornalística, algumas emissoras de rádio e TV contam com manuais de produção, que explicam como deve ser o padrão do texto para esses meios, os enquadramentos de câmera, os padrões de áudio e outras características técnicas.

∴ Formas de avaliação nos veículos jornalísticos

O que caracteriza um jornalismo de qualidade? A ausência de erros gramaticais? A diversidade de assuntos tratados? A abertura à participação dos leitores/audiência? A diversidade de vozes em suas coberturas?

Uma maneira de avaliar a qualidade do que a imprensa veicula é por meio da repercussão pública, ou seja, mediante o parecer emitido pelo leitor, telespectador, ouvinte ou usuário da internet. Seja qual for o meio de difusão da informação, as redes sociais e os canais de comunicação *on-line* têm permitido cada vez mais ao público expressar sua opinião sobre o material divulgado. Em muitos casos, os leitores são convidados a opinar, por meio dos conselhos de leitores criados por alguns veículos ou das caixas de comentários no pé das matérias.

Naturalmente, uma matéria jornalística não precisa – e muitas vezes nem deve – agradar a todo mundo. Uma denúncia ou um tema polêmico, por exemplo, podem gerar repercussão negativa. Mas nada que arranhe a imagem do veículo ou do jornalista, desde que haja equilíbrio na cobertura. O problema está em uma matéria incompleta, com erros ou tendenciosa – de forma intencional ou não. Talvez essas falhas graves passem despercebidas por muitos leitores/telespectadores, mas não necessariamente por todos. Críticas e processos judiciais decorrentes disso são formas de perceber que o resultado do trabalho não foi nada bom.

Mas há outras formas de avaliar o material jornalístico, antes mesmo de chegar a uma repercussão pública negativa. Em 2010, por exemplo, a Organização das Nações Unidas para a Educação, a Ciência e a Cultura (Unesco) lançou quatro publicações que discutem a necessidade de parâmetros de qualidade para as empresas jornalísticas brasileiras. Em uma delas, "Qualidade jornalística: ensaio para uma matriz de indicadores", de autoria de

Luiz Augusto Egypto de Cerqueira, foram entrevistados 22 gestores sobre indicadores e políticas editoriais de qualidade de suas organizações. Participaram da pesquisa grupos jornalísticos com abrangência nacional e regionais de 14 estados nas cinco regiões do país.

Cerqueira (2010, p. 18) fez a seguinte pergunta aos entrevistados: "A qualidade de um veículo jornalístico está relacionada à sua capacidade de representar as visões de todo o espectro político e uma vasta gama de interesses sociais, inclusive aqueles dos setores mais vulneráveis da sociedade. Você concorda com esta afirmação?". As respostas deram uma ideia do que pensam e com o que se preocupam editores-executivos, *publishers* e diretores de redação. Quanto a valores intangíveis, não há consenso entre eles sobre uma articulação direta entre diversidade, pluralidade e qualidade na empresa jornalística.

> Dos 22 entrevistados ocupantes de cargos executivos, ouvidos em conversas pessoais, 15 concordam com a assertiva, um discorda ("é um conceito vago") e seis concordam em termos ("é [um conceito] complicado", "a formulação não é feliz", "[o conceito é] limitado", "não sei se concordo 100%", "de um a cinco, [dou nota] quatro", "concordo em parte"). (Cerqueira, 2010, p. 18-19)

A mesma pergunta foi aplicada em uma pesquisa *on-line*. Segundo o autor, entre os respondentes foram tabulados apenas os dados referentes aos 179 jornalistas (de um total de 275) que efetivamente informaram estar em plena atividade em redações de veículos jornalísticos; não foram considerados os profissionais alocados em assessorias de imprensa e/ou de comunicação, agências de relações públicas, *freelancers* etc. "No grupo analisado, 169 (94,41%) responderam que concordam com o enunciado e 10 (5,59%), que discordam" (Cerqueira, 2010, p. 19).

Outra publicação patrocinada pela Unesco, intitulada "Indicadores da Qualidade no Jornalismo: políticas, padrões e preocupações de jornais e revistas brasileiros" (2010), busca analisar as instâncias internas e externas aos meios jornalísticos que levam a uma busca pela excelência. O autor do documento, Rogério Christofoletti, é jornalista, doutor em Ciências da Comunicação (Universidade de São Paulo – USP), professor e pesquisador da Universidade Federal de Santa Catarina (UFSC).

Para levantar quais são esses indicadores, ele consultou empresas jornalísticas para saber quais eram as formas de avaliação usadas para medir seu desempenho. "*Grosso modo*, são ações que denotam que o mercado se organiza e que as empresas se esforçam para padronizar, uniformizar, normatizar, inovar e aperfeiçoar seus processos e sistemas" (Christofoletti, 2010, p. 15). Segundo o autor, fazem parte desse conjunto as instâncias internas de avaliação de qualidade e demais esforços nessa direção:

- criação de cargos como *ombudsman*, ouvidor ou gerente de controle de qualidade
- concepção e implementação de manuais de redação
- criação e composição de conselho de leitores
- instituição de prêmios internos para incentivar a competitividade entre seus profissionais
- ações para a profissionalização da gestão
- elaboração de projetos editorias
- reformas internas
- adoção de processos de normatização e gerenciamento
- busca de excelência técnica e inovações tecnológicas
- fortalecimento e organização empresarial
- ações para a expansão de negócios pela via da diversificação. (Christofoletti, 2010, p. 15)

O pesquisador analisou ainda os fatores externos que induzem os veículos a buscar melhor qualidade. "São movimentos dessemelhantes, mas que se alinham no propósito de vir de fora da organização jornalística reivindicando ou contribuindo para o aperfeiçoamento desta e de seus resultados. Como se a sociedade se organizasse em busca da qualidade jornalística" (Christofoletti,

2010, p. 15). Conforme o autor, fazem parte desse conjunto as instâncias externas à empresa para avaliação de qualidade e outras iniciativas nesse sentido:

- observatórios de mídia
- iniciativas de análise e crítica de mídia
- códigos de ética profissional
- ensino de graduação ou formação profissional
- ensino de pós-graduação ou formação profissional
- regulamentação estatal do mercado
- premiações ou distinções exteriores às empresas do ramo
- eventos de discussão sobre as rotinas produtivas
- documentos propositivos de novas políticas editoriais em consonância com setores não jornalísticos organizados da sociedade. (Christofoletti, 2010, p. 15)

Christofoletti (2010) aponta ainda várias iniciativas de observatórios de mídia e instâncias de avaliação da qualidade no jornalismo. Menciona, por exemplo, a criação, em 1992, da Agência de Notícias dos Direitos da Infância (hoje Andi – Comunicação e Direitos), que passou a fomentar nas redações os direitos da criança e do adolescente. A organização não governamental (ONG) propôs pautas e fontes, ofereceu treinamento e qualificação de jornalistas e premiou aqueles que se destacaram pela cobertura relacionadas a esse tema. De 1996 a 2004, as matérias sobre infância e adolescência aumentaram 1148,74%, de 10.540 para 131.617 (Andi, 2005, p. 5, citado por Christofoletti, 2010, p. 25). Mas o avanço não se deu apenas em quantidade:

> Em um conjunto de esforços, a ANDI conseguiu – entre outros aspectos – aumentar expressivamente a cobertura jornalística sobre crianças e jovens, e contribuiu para melhorar as abordagens até então muito simplórias e estereotipadas, predominantemente acusatórias e marginalizantes. Reportagens e matérias sobre crianças e adolescentes deixaram de ser raras na mídia nacional e alcançaram outros patamares de qualidade, na apuração, no enfoque, na abordagem de direitos e na proposição de soluções para problemas. (Christofoletti, 2010, p. 25)

O pesquisador discorre sobre uma dezena de iniciativas de monitoramento da mídia até chegar aos dias atuais. Segundo ele, essas experiências – somadas a de pesquisadores isolados, da Andi, do S.O.S. Imprensa e do Observatório da Imprensa – ajudaram a fundar, em 2005, a Rede Nacional de Observatórios de Imprensa (Renoi), coletivo que reúne iniciativas de ONGs e acadêmicas de todo o país, a exemplo do Mídia e Política (UnB) e do Renoi Vale do Paraíba (Unitau), surgidos em 2007.

No mesmo ano, outros dois empreendimentos importantes análogos surgem na sociedade: o coletivo Intervozes implanta o **Observatório do Direito à Comunicação** e na Universidade Federal de Pernambuco, surge o **Observatório Regional da Mídia**. Em 2009, surge na Universidade Federal de Santa Catarina o **Observatório da Ética Jornalística** (objETHOS). (Christofoletti, 2010, p. 26, grifo do original)

Nem todo esse conjunto de instâncias internas e externas é adotado ou seguido na busca pela excelência jornalística, mas são formas de avaliação que podem ser feitas por jornalistas e até pelos Departamentos de Administração e *Marketing* como pesquisa de satisfação e controle de audiência. O que é preciso destacar é a exigência de um padrão de qualidade, pois se trata, antes de tudo, da responsabilidade profissional de entregar uma informação de forma mais completa e verídica possível. Afinal, a imprensa é o grande mediador do debate público.

∴ *Ombudsman* e conselho editorial

O cargo de *ombudsman* é um mecanismo de autorregulação encontrado por alguns veículos de comunicação para tentar melhorar a qualidade do processo de produção e da informação levada ao público. É um profissional contratado por um órgão, uma instituição ou uma empresa para receber críticas, sugestões e reclamações de usuários e consumidores, cuja função é agir de forma imparcial para mediar conflitos entre as partes envolvidas.

No jornalismo, o *ombudsman* faz a ponte entre a empresa, os jornalistas e seu público, tendo o papel de representante do leitor dentro da empresa jornalística. Recebe críticas, sugestões e comentários dos leitores, responde a eles e, na maioria das vezes, publica esse *feedback* no próprio veículo. Em algumas ocasiões, escreve comentando matérias, explicando as versões e comentando decisões editoriais, geralmente com uma visão mais crítica, apontando os erros e indicando o que precisaria mudar.

Os motivos declarados pelos meios para a criação do cargo é melhorar os canais de comunicação com o público. Mas, no caso latino-americano, a existência desse defensor do leitor tem diferentes razões: às vezes, indica uma consciência ética da redação ou aponta uma vontade empresarial de mudanças; em outros casos, trata-se de um "instrumento de controle interno" ou de mera "aparência" para servir de *marketing* e conquistar leitores (Albarrán De Alba, 2002, citado por Pauwels, 2010).

O termo vem da palavra sueca *ombud* ("delegação") e *man* ("homem"). O *ombudsman* surgiu na Suécia como um ouvidor, em 1713. Ficou conhecido como o "representante do Parlamento" e, por extensão, dos cidadãos. Sua função era ouvir as queixas dos cidadãos ao Poder Público, investigá-las e cobrar providências quando era o caso. O primeiro *ombudsman* de imprensa surgiu nos Estados Unidos, em 1967. No Brasil, a *Folha de S.Paulo* foi pioneira na criação do cargo, em 1989. Vejamos o que diz o Manual de Redação da *Folha* sobre suas atribuições:

> Cabe ao ombudsman atender os leitores da Folha e encaminhar suas reclamações à Redação. As providências que se seguem são comunicadas a ele pela Direção de Redação, que centraliza todos os contatos. Diariamente, o ombudsman redige uma crítica interna, que circula na Redação e em áreas afins. Aos domingos, a Folha publica a coluna do ombudsman, em que ele faz uma crítica dos meios de comunicação, particularmente do desempenho do próprio jornal. Suas observações e sugestões não têm caráter deliberativo. É facultado a todos os jornalistas da Folha responder às observações feitas pelo ombudsman tanto na crítica interna quanto na coluna semanal. Quem centraliza o trâmite desses casos e os arbitra é a Direção de Redação. (Folha de S.Paulo, 2015, p. 116).

De acordo com Molina (2011), "Uma das condições para que o jornalista seja ombudsman da *Folha* é que, durante o seu mandato, o profissional não pode fazer parte da Redação do jornal, garantindo ao Representante do Leitor total liberdade, imparcialidade, isenção e independência para cobrar o jornal tecnicamente positivamente ou negativamente". Até 2017, a *Folha* teve doze pessoas na função de *ombudsman* e a jornalista Paula Cesarino Costa foi a quinta mulher a ocupar o cargo. O jornal se viu na necessidade de explicar por que o nome da função é comum aos dois gêneros: "Ombudsman é palavra sueca – que significa representante do cidadão – utilizada igualmente para os dois gêneros. Não teria sentido usar regra da língua inglesa. Tanto que, no caso de plural, a **Folha** usa ombudsmans e não ombudsmen. Nos EUA, há quem utilize ombudswoman ou até ombudsperson." (Folha de São Paulo, 2016, grifo do original).

O mandato de *ombudsman* na *Folha de S.Paulo* é de um ano, com possibilidade de renovação para mais dois. Das 12 pessoas que ocuparam o cargo, apenas uma não foi reconduzida ao cargo, como salienta Flavia Pauwels (2010, tradução nossa).

A gestão de Mário Magalhães, no diário brasileiro Folha, terminou com polêmicas. O jornalista saiu do cargo, que exerceu somente durante um ano (2007-08), por discordar da Direção, a qual ordenou que ele não publicasse mais na Internet a sua crítica interna, cujo acesso era livre para qualquer leitor desde 2000. Em sua última coluna, Magalhães (6 de abril de 2008) disse que para renovar seu mandato o diário exigia dele "um retrocesso na transparência do seu trabalho", aduzindo que "a concorrência" se aproveitava das "ideias e sugestões" do Ombudsman da Folha e as implementava antes em seus próprios jornais. Magalhães argumentou dizendo que desta forma "os leitores perdiam um direito" e que a crítica interna, agora somente distribuída por e-mail aos principais jornalistas da Folha, igualmente poderia chegar à concorrência.

Além de precursora na criação do cargo, a *Folha* também sempre foi defensora da função para a garantia da qualidade jornalística. O *ombudsman*, em muitos casos, é aquele olhar de fora do processo de produção. É um jornalista, mas não pautou, não escreveu nem editou a matéria. Por sua vez, verifica as anotações do repórter, buscando identificar distorções. Além disso, por causa do contato com cartas, *e-mails* e mensagens que chegam do público, ajuda a medir a repercussão das matérias, podendo indicar a necessidade de suítes e novas matérias.

Após a criação do cargo pela *Folha*, a presença do *ombudsman* se tornou um fenômeno nos meios de comunicação da América Latina, chegando a pelo menos 30 experiências em 2010, segundo medição de Pauwels (2010). A pesquisadora conclui, no entanto, que o cenário não é muito promissor. "O trabalho dos novos ombudsmen ou defensores na região é complexo, devido às dificuldades econômicas que atravessam os meios, às resistências dos jornalistas à autocrítica e à débil participação do público" (Pauwels, 2010, tradução nossa).

O conselho editorial é outra maneira de garantir um padrão de qualidade nos meios de imprensa. Esse tipo de conselho é um colegiado formado por profissionais, que podem ser jornalistas ou não, que discutem a situação presente e os rumos da organização jornalística como um todo. Princípios editoriais, questões éticas e a criação de novos programas ou cadernos estão entre as pautas desse grupo que discute o conteúdo veiculado. Esse cargo também não existe em todos os veículos e, na maioria, essas decisões são tomadas no âmbito da cúpula gerencial. O Manual de Redação da *Folha de S.Paulo* define assim seu conselho editorial:

> Colegiado sem funções executivas, composto de jornalistas e não jornalistas. Na Folha, seus membros são convidados pelos acionistas da Empresa Folha da Manhã S.A. Sua função é avaliar o desempenho da Folha, discutir sua linha editorial e examinar projetos que lhe sejam apresentados. Em situação excepcional, pode ser convocado para opinar sobre o comportamento a ser seguido pelo jornal. (Folha de S.Paulo, 2015, p. 111)

O conselho de leitores é outro canal de comunicação do público com os veículos de imprensa. Formado por representantes de diferentes setores da sociedade, a função do conselho é opinar sobre o conteúdo do veículo, apontando falhas, avaliando coberturas e discutindo com repórteres e editores o enfoque do veículo sobre determinados temas. No Brasil, poucos jornais mantêm um conselho de leitores, e cada um tem seus próprios critérios para a seleção de quem o compõe. Em geral, esses conselhos são formados por meio de convites a leitores que costumam fazer observações críticas sobre a cobertura ou que, pela atividade profissional que desenvolvem, possam contribuir com visões diferenciadas sobre abordagens de assuntos variados.

∴ Comunicação de erros

O jornal *O Globo* publicou em manchete no dia 11 de outubro de 2015 aquele que seria o "furo" jornalístico do ano. A principal chamada da edição afirmava: "Baiano diz que pagou contas do filho de Lula". Fábio Luís Lula da Silva teria sido citado na delação premiada de Fernando Baiano, lobista preso na Operação Lava Jato, que investigava o desvio de dinheiro público na Petrobras. Baiano teria gasto R$ 2 milhões para pagar as contas pessoais de Lulinha. A informação do colunista Lauro Jardim, que tinha acabado de trocar a revista *Veja* por *O Globo*, virou manchete de estreia na nova casa.

A notícia foi reproduzida por outros veículos de imprensa, repercutiu no meio político e os opositores do ex-presidente Luiz Inácio Lula da Silva chegaram a cogitar a convocação de Lulinha para depor na Comissão Parlamentar de Inquérito (CPI), que investigava as denúncias relacionadas à Petrobras. Em menos de um mês, o furo jornalístico virou a "barrigada" do ano. Era notícia falsa. Mas a admissão de erro não se deu na mesma proporção. Foi uma nota na coluna direita da capa da edição de 8 de novembro de 2015, sob o título "O GLOBO errou".

No espaço interno, o teor inteiro da nota publicada na coluna tinha 138 palavras e um título que não retratava o reconhecimento de erro: "Correção".

> Fábio Luís Lula da Silva, o Lulinha, não foi citado na delação premiada de Fernando Baiano, o lobista preso na Lava-Jato. A coluna errou ao publicar essa informação no dia 11 de outubro. No texto, afirmou-se que constava da delação de Baiano um relato em que ele dizia ter gastado R$ 2 milhões para pagar despesas pessoais de Lulinha. Baiano não mencionou Lulinha e, pelo nome, não apontou qualquer familiar de Lula como beneficiário de dinheiro desviado da Petrobras. Ele citou uma "nora de Lula". Segundo o depoimento, José Carlos Bumlai, amigo do ex-presidente, o procurou pedindo recursos para quitar despesas com um apartamento de uma nora de Lula – o ex-presidente tem quatro noras. Baiano disse ter dado R$ 2 milhões a Bumlai. A coluna pede desculpas a Fábio Luís, a Lula e aos seus familiares pelo erro. (Jardim, 2015)

A mancada de *O Globo* não é uma exceção. Jornalistas erram o tempo todo. Uma das diferenças está na forma como os jornalistas, ou os veículos de imprensa, admitem os próprios erros. O jornal *Correio Braziliense*, por exemplo, deu uma mostra de como a imprensa deve agir quando erra. Em 3 de agosto de 2000, a manchete "O Grande Negócio de Jorge" noticiava que a empresa DBO Direct tinha um contrato de R$ 120 milhões com o Banco do Brasil para testar um sistema de transmissão de dados e que, por trás da DBO, havia outra empresa, a DTC, da qual o ex-secretário-geral da Presidência, Eduardo Jorge, tinha sido sócio até duas semanas antes.

O banco e a DTC desmentiram a informação e uma checagem mais apurada levou à constatação de que a DTC não tem vínculo com a DBO, e esta não tinha contrato com o BB. As poucas verdades da história não eram suficientes para sustentar nem uma notícia sequer, muito menos uma manchete. Assim, na edição do dia seguinte, o jornal trouxe a manchete "O Correio errou", no mesmo espaço da acusação. A retratação incluiu notas do banco e da DTC, textos do editor-executivo do jornal, André Petry, e do autor da reportagem, Alexandre Machado. O repórter fez o *mea culpa*: "Errei por ter confiado em uma única fonte, sem qualquer documento que garantisse a veracidade do que ouvi. E sem ter procurado checar por outros meios a história contada. Errei por ter me apressado a publicar o que ainda não tinha como comprovar" (Lo Prete, 2000).

Foi o diretor de Redação do *Correio Braziliense*, Ricardo Noblat, quem decidiu pela manchete histórica. E explicou o porquê disso à *ombudsman* da *Folha*: "Só posso imaginar que houve um acesso coletivo de burrice, em que as regras mais primárias do jornalismo foram desrespeitadas" (Lo Prete, 2000). O jornal teve um arroubo de honestidade como raramente se vê nos veículos de jornalismo. E o motivo é tão mesquinho quanto preocupante:

> Quem acompanha sistematicamente o trabalho da imprensa sabe como é difícil um jornal reconhecer um erro. Em parte,

porque o erro expõe uma fragilidade própria a toda atividade humana, e jornais e jornalistas gostam de cultivar a imagem de infalíveis, como se disso dependesse sua credibilidade. (Moretzsohn, 2015)

A autora enfatiza a ironia da entrevista de apresentação do colunista Lauro Jardim, em 10 de outubro de 2015, um dia antes do "furo" que se tornaria a barrigada do ano. Em texto e vídeo, *O Globo* alardeava com pompa a estreia do colunista, e ele próprio dizia a que vinha (ou a que deveria vir):

Eu busco o tempo todo credibilidade, minha informação não pode ser errada ou mesmo imprecisa, o tempo todo eu busco conversar com as pessoas certas pra publicar a informação o mais correta e fiel possível, porque na verdade o leitor hoje tem acesso a trezentos mil sites por dia e a esmagadora maioria deles é composta de sites que não têm o menor compromisso com a informação confiável. (Moretzsohn, 2015)

A fala do colunista dá a entender duas falsas premissas: 1) a de que a grife de um veículo conhecido garante a veracidade da informação diante de "trezentos mil *sites*" que não teriam a mesma credibilidade; 2) conversar com "as pessoas certas" dispensa a checagem de documentos e outras fontes para confirmar as informações. As falhas dos jornais *O Globo* e *Correio*

Braziliense não só reforçam a necessidade de um sistemático rigor na investigação jornalística como ainda revelam algumas das causas mais comuns de erros no jornalismo, como aponta Mário Erbolato (2008, p. 77):

a. lapso fisiológico do repórter que colhe as notas (falta de atenção, ou por não ouvir ou não ver bem);
b. falhas técnicas de transmissão: troca de palavras, saltos ou interferências;
c. posição psicológica do informante e até do jornalista (quando este foge dos limites informativos e passa a opinar sobre o fato). Ambos, com referência ao ocorrido, podem manifestar repulsa, aplauso, interesse enorme ou mesmo desinteresse.

Das conclusões de Erbolato (2008) derivam outras, todas complementares entre si. O erro pode decorrer da vergonha do jornalista de perguntar uma segunda vez sobre algo que não compreendeu de primeira ou de sua posição ideológica, que pode levá-lo a não concordar com o que a fonte diz e, de maneira intencional ou não, dar prioridade a certos dados em detrimento de outros, interferindo no sentido da informação. Outro risco de erro é a crença demasiada na fonte, quando o jornalista a julga confiável a ponto de acreditar não ser preciso uma checagem.

O recomendável é checar a informação com, no mínimo, uma segunda fonte.

Diante da nossa falibilidade, é de bom tom pedirmos desculpas quando erramos. Não seria diferente com a imprensa, por uma questão de honestidade com o leitor ou o telespectador. Divulgar sem checar é uma "roleta-russa", pode dar certo assim como pode dar errado. Quando o jornalista divulga uma notícia falsa, isso é chamado de *barrigada* ou *barriga*, jargões que definem esse grave erro. Quando um erro é publicado, deve-se tomar uma atitude bem objetiva: comunicar ao público por meio de uma errata – de preferência, a desculpa na mesma proporção do erro.

A credibilidade é uma construção diária no jornalismo e não se funda apenas em não errar, mas em admitir o erro e tomar medidas para evitar que algo parecido volte a ocorrer. Mas nem sempre jornalistas e veículos de imprensa dão o braço a torcer com facilidade. De maneira ampla, a Constituição Federal já normatiza a questão no primeiro capítulo, art. 5º: "É assegurado o direito de resposta, proporcional ao agravo, além da indenização por dano material, moral ou à imagem" (Brasil, 1988). Ou seja, se o veículo de imprensa errou, terá de se retratar na mesma medida. Recorde, porém, a diferença entre o pedido de desculpas do *Correio Braziliense* e de *O Globo*.

Contudo, sem uma lei específica para determinar o rito de concessão do direito de resposta, ele vinha sendo negado inclusive na Justiça a quem o solicitava. Por isso, em 11 de novembro de 2015, entrou em vigor no Brasil a nova lei de direito de resposta – Lei n. 13.188, de 11 de novembro de 2015 (Brasil, 2015) – em substituição à Lei de Imprensa criada em 1967 e extinta em 2009 por decisão do Supremo Tribunal Federal (STF). Em síntese, a nova lei prevê o que a Constituição já diz, que a resposta ou retificação deverá ter, no caso da mídia impressa, o mesmo "destaque, a publicidade, a periodicidade e a dimensão da matéria que a ensejou" (Brasil, 2015).

Se, no meio impresso, a retificação deverá ocupar o mesmo espaço do texto que levou ao pedido de resposta, no caso da TV ou do rádio, deverá ter a mesma duração da matéria original. A pessoa que se sentiu ofendida poderá requerer resposta ou retificação divulgada, publicada ou transmitida nos mesmos espaços, dias da semana e horários do agravo. O alcance da retratação também deverá ser correspondente à amplitude da ofensa (Brasil, 2015).

Síntese

Concluída a matéria, é hora de editá-la. Editar é selecionar, fazer escolhas, descartar parte do texto, incluir informações. Ao editor, cabe o julgamento final sobre o que é mais ou menos importante na matéria, cortar os excessos do texto, corrigir deslizes do repórter, alterar a ordem dos parágrafos, selecionar a informação que será manchete, pensar no melhor título, escolher as melhores imagens e fazer as legendas.

O trabalho de edição não é aleatório, segue parâmetros, como a linha editorial, os critérios de noticiabilidade, os manuais de produção e redação, o código de ética dos jornalistas. Ainda assim, é uma função que depende muito do juízo individual de cada editor e do *feeling* jornalístico, ou seja, da experiência que permite ao jornalista saber o que é mais ou menos importante para o público.

Para Pereira Junior (2006), o editor cria uma couraça de caráter organizacional por meio da qual acaba apresentando a "seleção dos fatos" segundo a linha editorial ou o "pensamento" do veículo. Muitos repórteres acabam se frustrando ao ver que nem sempre seu texto está a salvo de uma edição com matiz ideológico ou mercadológico. Com o tempo, parte deles acabará assimilando a mesma couraça de caráter organizacional, à medida que for assimilando as normas da casa.

Todo fechamento de edição gera estresse. Sob pressão do tempo, editores fazem os ajustes de última hora. Essa é a hora de decisões importantes: qual assunto será manchete, quais matérias vão abrir cada bloco ou caderno, quais fotos ou imagens terão destaque. Essas definições determinam o jornal ou o telejornal que chegará ao público. As escolhas poderiam ser outras se fossem outras as pessoas a ocupar os cargos de decisão.

Qualquer material jornalístico deve ser revisado antes da publicação. Essa função cabe ao revisor de texto, profissional geralmente formado em Letras ou Jornalismo e, por vezes, com pós-graduação em revisão de texto. No entanto, esse cargo está em extinção. Com as redações cada vez menores, essa função passou a ser acumulada pelos editores, pelo próprio repórter e pelo corretor ortográfico do Word.

Quem dera fossem só ortográficos os erros vistos na imprensa. Há, também, erros de informação. Uma maneira de avaliar a qualidade do que a imprensa veicula se dá por meio da repercussão pública, ou seja, o parecer emitido pelo leitor, telespectador, ouvinte ou internauta. Em muitos casos, os leitores são convidados a opinar, no caso dos conselhos de leitores criados por alguns veículos ou por meio das caixas de comentários no pé das matérias.

Alguns veículos de imprensa adotaram a figura do *ombudsman* como mecanismo de autorregulação. No jornalismo, o *ombudsman* faz a ponte entre a empresa e o público. Recebe críticas, sugestões e comentários dos leitores, responde a eles e, na maioria das vezes, publica o *feedback* no próprio veículo. Em algumas ocasiões, comenta matérias, explica as versões e comenta decisões editoriais, geralmente com uma visão mais crítica, apontando os erros e indicando o que precisaria mudar.

O conselho editorial é outra maneira de garantir um padrão de qualidade nos meios de imprensa. Esse tipo de conselho é um colegiado formado por profissionais, que podem ser jornalistas ou não, que discutem a situação presente e os rumos da organização como um todo. Esse cargo não existe em todos os veículos e, na maioria, essas decisões são tomadas no âmbito da cúpula gerencial.

Mas, ainda que se criem todos esses mecanismos de proteção, erros acontecem. Isso só reforça a necessidade de um sistemático rigor na investigação jornalística diante das causas mais comuns de erros no jornalismo, como aponta Mário Erbolato (2008): o lapso fisiológico do repórter, falhas técnicas de transmissão e posição psicológica do informante ou do jornalista.

Em respeito ao público, devemos pedir desculpas quando erramos. Divulgar sem checar é uma "roleta-russa", pode dar certo, assim como pode dar errado. Quando um erro é publicado, deve-se tomar uma atitude bem objetiva: comunicar ao público **por meio de uma errata – de preferência, a desculpa na mesma proporção do erro**. A credibilidade é uma construção diária no jornalismo e não se funda apenas em não errar, mas em admitir o erro e tomar medidas para evitar que algo parecido volte a ocorrer.

Estudo de caso

Os erros de checagem da Rolling Stone

Em novembro de 2014, a revista *Rolling Stone* publicou a matéria "Um estupro no campus", na qual a estudante chamada pelo pseudônimo de Jackie denunciava ter sido estuprada por sete rapazes numa casa de estudantes na Universidade de Virgínia (EUA). Segundo o texto, a instituição teria ignorado as queixas da vítima. Após a publicação da reportagem, uma investigação interna na universidade e outra policial não encontraram nada que sustentasse as acusações.

A controvérsia teve início quando o *The Washington Post* revelou que o estupro não poderia ter ocorrido da maneira como havia sido descrito pela revista. A *Rolling Stone* recorreu, então, a uma auditoria externa para identificar os erros da reportagem, a cargo do diretor da escola de jornalismo da Universidade de Colúmbia, Steve Coll. A equipe de Coll não receberia pagamento pelo trabalho e a revista publicaria na íntegra o relatório final. Em abril de 2015, a *Rolling Stone* se retratou oficialmente por seus erros e retirou a matéria do *site*.

Coll apontou três erros graves cometidos pela revista: o emprego de pseudônimos, a falta de checagem das informações e a falta de dados que confirmassem a versão da suposta vítima. Segundo ele, a observância desses princípios teria levado a *Rolling Stone* a desistir da matéria. Jackie não forneceu o nome das pessoas mencionadas e a repórter não insistiu para não afugentá-la. O relatório sugere que uma simples pesquisa no Facebook ou uma conversa com outros alunos teria ajudado a encontrar essas pessoas.

Os editores bancaram a matéria mesmo sem saber o nome ou checar a existência do jovem que teria organizado a festa em que teria ocorrido o estupro. Conforme o relatório, a chefia não sanou as dúvidas apresentadas pela checadora encarregada de verificar a apuração da repórter. Segundo Coll, o editor-chefe da *Rolling Stone*, Will Dana, confiou plenamente na repórter Sabrina Rubin Erdely.

No fim, a revista e a jornalista foram condenadas a pagar US$ 3 milhões a uma funcionária da universidade difamada. Um tribunal de Charlottesville (Virgínia) decidiu que Nicole Eramo, vice-decana de estudantes, receberá US$ 2 milhões em indenização da jornalista e US$ 1 milhão da editora Wenner Media, que publica a *Rolling Stone*.

Perguntas & respostas

Por que vemos tantos erros na imprensa?

Mário Erbolato (2008, p. 77) aponta as três causas mais comuns de erros cometidos no jornalismo. São eles: a) lapso fisiológico do repórter que colhe as notas (ou por falta de atenção, ou por não ouvir ou não ver bem); b) falhas técnicas de transmissão: troca de palavras, saltos ou interferências; c) posição psicológica do informante e até do jornalista (quando este foge dos limites informativos e passa a opinar sobre o fato). O erro pode decorrer também da vergonha do jornalista em perguntar uma segunda vez, ou de uma confiança excessiva em uma fonte só, o que o leva a equivocadamente dispensar uma consulta a outras fontes.

O que o jornalista deve fazer se cometer um erro?
O primeiro passo é reconhecer o erro e pedir desculpas. Trata-se de uma questão de honestidade com o público. Quando um erro é publicado, deve-se comunicar ao público por meio de uma errata – de preferência, na mesma proporção do erro. Quando o veículo de imprensa não dá o braço a torcer e não se desculpa, a parte ofendida por uma matéria tem vários recursos na Justiça, como o direito de resposta, para forçar a empresa a reconhecer o erro e se desculpar publicamente. Há, ainda, a possibilidade de a empresa ter de indenizar financeiramente a vítima de um erro em conteúdo jornalístico.

O que faz um *ombudsman* em um veículo de imprensa?
O *ombudsman* é o representante do leitor dentro de uma empresa. Seu papel é receber as críticas, sugestões e

reclamações dos leitores. Comenta o conteúdo do veículo com uma visão mais crítica, apontando os erros e indicando o que precisa mudar.

Questões para revisão

1. Considerando que a imprensa é o grande mediador do debate público e o que se espera dela é que a informação seja acima de tudo verdadeira, quais ações ou mecanismos poderiam contribuir na busca pela excelência nas organizações de comunicação?

2. Por que o fechamento da edição é um momento decisivo para o sucesso de um jornal, de um programa de rádio ou de TV?

3. Ainda que a edição seja uma função que depende muito do juízo individual e do *feeling* jornalístico, ou seja, da experiência que permite ao jornalista saber o que é mais ou menos importante para o público, esse não é um trabalho aleatório. Ele segue parâmetros jornalísticos. O trabalho de edição é norteado por parâmetros como:
    a) A linha editorial do veículo de imprensa.
    b) Os critérios de noticiabilidade.
    c) Os manuais de produção e de redação.
    d) O código de ética dos jornalistas.
    e) Todas as alternativas anteriores estão corretas.

4. Segundo Pereira Junior (2006), o editor em geral constrói uma couraça de caráter organizacional por meio da qual acaba apresentando a "seleção dos fatos" de acordo com a linha editorial ou o "pensamento" do veículo em que trabalha. Essa couraça, diz o autor, surge no contexto das decisões diárias. "São de início _____ editoriais, contextos de _____, encaixes à _____ de produção noticiosa da empresa de mídia. Logo viram _____ recorrentes a afetar o _____ na hora de dar relevância ao fato" (Pereira Junior, 2006, p. 29). Marque a alternativa que preenche corretamente as lacunas do texto:

a) armadilhas, atuação, lógica, malícias, julgamento.
b) malícias, lógica, atuação, armadilhas, julgamento.
c) armadilhas, lógica, atuação, malícias, julgamento.
d) julgamentos, lógica, atuação, malícias, armadilhas.
e) malícias, atuação, lógica, armadilhas, julgamento.

5. Dentre as funções do editor de rádio e TV, aponte a opção incorreta:

a) Consultar ouvintes e telespectadores antes de veicular qualquer matéria.
b) Delimitar o tempo de exposição de um assunto.
c) Encadear a informação com outras (positivas, negativas, neutras, curtas, longas).

d) Escolher personagens e cenas a serem exibidas.

e) Ouvir o repórter autor da matéria quando houver dúvidas sobre o conteúdo.

Questões para reflexão

1. Pereira Junior (2006) diz que o editor em geral constrói uma couraça de caráter organizacional por meio da qual acaba apresentando a "seleção dos fatos" de acordo com a linha editorial ou o "pensamento" do veículo em que trabalha. Reflita sobre o contexto em que se dá esse comportamento e como isso pode afetar inclusive o trabalho ou os ânimos dos demais colegas de trabalho, como os repórteres.

2. Em 2010, Luiz Augusto Egypto de Cerqueira produziu para a Unesco o estudo "Qualidade jornalística: ensaio para uma matriz de indicadores". Ele fez a seguinte pergunta a 22 gestores sobre indicadores e políticas editoriais de qualidade de suas organizações: "A qualidade de um veículo jornalístico está relacionada à sua capacidade de representar as visões de todo o espectro político e uma vasta gama de interesses sociais, inclusive aqueles dos setores mais vulneráveis da sociedade. Você concorda com esta afirmação?" (Cerqueira, 2010, p. 18-19). E você, como responde a essa questão?

Para concluir...

A credibilidade é uma construção diária no jornalismo. Este livro procurou demonstrar como a busca pela confiança do público depende de uma série de critérios técnicos e valores éticos que começa ainda na ideia inicial de uma pauta, perpassa o cuidado na relação com as fontes de informação, o zelo na abordagem a ser feita na matéria até a edição que dará o acabamento à informação.

O rigor adotado em cada etapa do processo de produção jornalística dará ao jornalista conhecimento suficiente para fazer prevalecer o profissionalismo diante do diletantismo presente nas redes sociais e em outros espaços na *web*. Mas apenas o domínio dessas técnicas não dará ao jornalismo a legitimidade e a credibilidade de que falamos no início desta obra.

Por isso, a proposta apresentada neste livro não é a de apenas ensinar as técnicas, e sim fazer o jornalista refletir sobre o seu ofício e sobre como ele impacta a vida das pessoas. O senso crítico sobre o que se faz é o primeiro passo para fazer melhor. Sendo assim, torna-se essencial ter a visão histórica aqui apresentada sobre essa profissão, de forma a compreendermos como chegamos ao atual estágio do jornalismo, para, então, abrirmos perspectivas sobre como doravante ele será.

O primeiro capítulo deu mostras de como o jornalismo evoluiu e de como os modos de fazer jornalismo vêm mudando no curso da história, a começar pelas transformações nas redações. O segundo capítulo tratou dos critérios que levam a imprensa a decidir qual fato será ou não noticiado e com quais recursos narrativos ele será apresentado ao público.

O terceiro, o quarto e o quinto capítulos esmiuçaram os modos como os jornalistas extraem da realidade os elementos essenciais para o seu trabalho e o passo a passo para chegar a esse objetivo, bem como as técnicas adotadas para esse fim. Por fim, o sexto capítulo trouxe uma reflexão sobre como o material jornalístico deve ser apresentado ao público, sob quais critérios de edição e a quais informações o público terá acesso.

Referências

BECERRA, M. Práctica periodística e práctica científica. In: CHRISTOFOLETTI, R.; KARAM, F. (Org.). **Jornalismo investigativo e pesquisa científica**. 2. ed. Florianópolis: Insular, 2015. p. 99-110.

BECKER, H. S. Evidências de trabalho de campo. In: ____. **Métodos da pesquisa em ciências sociais**. Tradução de Marco Estevão e Renato Aguiar. 3. ed. São Paulo: Hucitec, 1997. p. 65-116.

BOULLOSA, R.; TAVARES, E. **Avaliação e monitoramento de projetos sociais**. Curitiba: Iesde, 2009.

BRASIL. Constituição (1988). **Diário Oficial da União**, Brasília, 5 out. 1988. Disponível em: <http://www.planalto.gov.br/ccivil_03/Constituicao/Constituicao.htm>. Acesso em: 9 dez. 2018.

BRASIL. Lei n. 5.250, de 9 de fevereiro de 1967. **Diário Oficial da União**, Poder Legislativo, Brasília, DF, 10 fev. 1967. Disponível em: <http://www.planalto.gov.br/CCIVil_03/leis/L5250.htm>. Acesso em: 16 jan. 2018.

BRASIL. Lei n. 13.188, de 11 de novembro de 2015. **Diário Oficial da União**, Poder Legislativo, Brasília, DF, 12 nov. 2015. Disponível em: <http://www.planalto.gov.br/ccivil_03/_Ato2015-2018/2015/Lei/L13188.htm>. Acesso em: 16 jan. 2018.

BRONOSKI, B.; BARRETTA, L. M.; CERVI, E. U. Debate público ou entretenimento: a visibilidade de *hard* e *soft news* nas primeiras páginas do JM e DC. In: CONGRESSO BRASILEIRO DE CIÊNCIAS DA COMUNICAÇÃO, 33., 2010, Caxias do Sul. **Anais**... Caxias do Sul: Intercom, 2010. Disponível em: <http://www.intercom.org.br/papers/nacionais/2010/resumos/R5-1620-1.pdf>. Acesso em: 17 jan. 2018.

BUENO, T.; REINO, L. S. A. Onde está o gancho? A difícil tarefa de hierarquizar informações. In: CONGRESSO DE CIÊNCIAS DA COMUNICAÇÃO NA REGIÃO NORDESTE, 14., 2012, Recife. **Anais**... Recife: Intercom, 2012. Disponível em: <http://www.thaisabueno.com.br/wp-content/uploads/2015/11/gancho.pdf>. Acesso em: 17 jan. 2018.

CARVALHO, G.; KÖNIG, M. Entre o passado e o futuro: a reportagem e os repórteres em tempos de crise. **Alceu: Revista de Comunicação, Cultura e Política**, v. 17, n. 34, jan./jun. 2017.

CAVERSAN, L. **Introdução ao jornalismo diário**: como fazer jornal todos os dias. São Paulo: Saraiva, 2009.

CERQUEIRA, L. A. E. de. Qualidade jornalística: ensaio para uma matriz de indicadores. **Série Debates CI**, Unesco, n. 6, nov. 2010. Disponível em: <http://unesdoc.unesco.org/images/0018/001899/189918por.pdf>. Acesso em: 17 jan. 2018.

CHAPARRO, M. C. **Pragmática do jornalismo**: buscas práticas para uma teoria da ação jornalística. São Paulo: Summus, 2007.

_____. **Sotaques d'aquém e d'al'além mar**: percursos e gêneros do jornalismo português e brasileiro. Santarém: Jortejo, 1998.

CHRISTOFOLETTI, R. Indicadores da qualidade no jornalismo: políticas, padrões e preocupações de jornais e revistas brasileiros. **Série Debates CI**, Unesco, n. 3, nov. 2010. Disponível em: <http://unesdoc.unesco.org/images/0018/001899/189915por.pdf>. Acesso em: 17 jan. 2018.

COLLARES, A. C. M. Uma questão de método: desafios da pesquisa quantitativa na sociologia. **Ideias: Revista do Instituto de Filosofia e Ciências Humanas da Unicamp**, Campinas, v. 4, p. 109-135, 2013. Disponível em: <https://periodicos.sbu.unicamp.br/ojs/index.php/ideias/article/view/8649415/15970>. Acesso em: 17 jan. 2018.

CONTI, M. S. **Notícias do Planalto**: a imprensa e Fernando Collor. São Paulo: Companhia das Letras, 1999.

COSTA, L. Gêneros jornalísticos. In: MELO, J. M. de; ASSIS, F. de (Org.). **Gêneros jornalísticos no Brasil**. São Bernardo do Campo: Universidade Metodista de São Paulo, 2010. p. 43-83.

CUNHA, M. J. C. A entrevista contada: estratégias, procedimentos e formatos. In: MAROCCO, B. (Org.). **Entrevista na prática jornalística e na pesquisa**. Porto Alegre: Libretos, 2012. p. 55-74.

DEUZE, M.; WITSCHGE, T. O que o jornalismo está se tornando. **Parágrafo**, v. 4, n. 2, jul./dez. 2016. Disponível em: <http://revistaseletronicas.fiamfaam.br/index.php/recicofi/article/view/478/445>. Acesso em: 8 dez. 2018.

ERBOLATO, M. L. **Técnicas de codificação em jornalismo**: redação, captação e edição no jornal diário. São Paulo: Ática, 2008.

FOLHA DE S.PAULO. **Manual da redação**. 20. ed. São Paulo: Publifolha, 2015.

_____. **Leia nota de Bonner sobre caso Homer**. Ilustrada, 6 dez. 2005. Disponível em: <http://www1.folha.uol.com.br/folha/ilustrada/ult90u55781.shtml>. Acesso em: 17 jan. 2018.

_____. **Nome da função é comum aos dois gêneros**. 7 jul. 2016. Disponível em: <http://www1.folha.uol.com.br/ombudsman/2016/07/1789462-nome-da-funcao-e-comum-aos-dois-generos.shtml>. Acesso em: 17 jan. 2018.

HUNTER, M. (Org.). **A investigação a partir de histórias**: um manual para jornalistas investigativos. Tradução de Dermeval de Sena Aires Júnior. Montevidéu: Unesco, 2013.

JARDIM, L. Correção. **O Globo**, 8 nov. 2015. Disponível em: <http://blogs.oglobo.globo.com/lauro-jardim/post/correcao.html>. Acesso em: 17 jan. 2018.

KARAM, F. O repórter, o pesquisador e a apuração. In: CHRISTOFOLETTI, R.; LIMA, S. (Org.). **Reportagem, pesquisa e investigação**. Florianópolis: Insular, 2012. p. 51-68.

KAUFMANN, J.-C. **A entrevista compreensiva**: um guia para pesquisa de campo. Tradução de Thiago de Abreu e Lima Florencio. Petrópolis: Vozes; Maceió: Edufal, 2013.

_____. **L'entretien compréhensif**. Paris: Armand Colin, 2004. Disponível em: <http://www.caam.rice.edu/~yad1/miscellaneous/References/Other/Fr/Kaufmann,%20Jean-Claude%20-%20L'Entretien%20Compr%E9hensif.pdf>. Acesso em: 17 jan. 2018.

KONRAD ADENAUER STIFTUNG. **Investigative Journalism Manual**. Capítulo 3. Planeamento da investigação. 2010. Disponível em: <https://fairreporters.files.wordpress.com/2011/11/chapter_3-port.pdf>. Acesso em: 8 dez. 2018.

LAGE, N. **A reportagem**: teoria e técnica de entrevista e pesquisa jornalística. 7. ed. Rio de Janeiro: Record, 2008.

____. **Estrutura da notícia**. 6. ed. São Paulo: Ática, 2006. (Série Princípios; v. 29)

____. **Ideologia e técnica da notícia**. 2. ed. São Paulo: Vozes, 1982.

____. **Teoria e técnica do texto jornalístico**. Rio de Janeiro: Elsevier, 2005.

LO PRETE, R. Duas manchetes. **O Globo**, 6 ago. 2000. Disponível em: <http://www1.folha.uol.com.br/fsp/ombudsma/om0608200001.htm>. Acesso em: 16 jan. 2018.

MARCONDES FILHO, C. **Comunicação e jornalismo**: a saga dos cães perdidos. 2. ed. São Paulo: Hacker, 2002.

MARTINS, H. H. T. de S. Metodologia qualitativa de pesquisa. **Educação e Pesquisa**, São Paulo, v. 30, n. 2, p. 289-300, maio/ago. 2004. Disponível em: <http://www.scielo.br/pdf/ep/v30n2/v30n2a07>. Acesso em: 16 jan. 2018.

MATOS, M. Metodologias qualitativas e quantitativas: de que falamos? **Fórum Sociológico**, Série II, 2014. Disponível em: <https://sociologico.revues.org/1061>. Acesso em: 16 jan. 2018.

MATTOS, D. J. L. **O espetáculo da cultura paulista**: teatro e TV em São Paulo (1940-1950). São Paulo: Códex, 2002.

MEDINA, C. de A. **Entrevista**: o diálogo possível. 5. ed. São Paulo: Ática, 2008.

MELO, J. M. de. **Jornalismo opinativo**: gêneros opinativos no jornalismo brasileiro. 3. ed. Campos do Jordão: Mantiqueira, 2003.

MOLINA, D. Ombudsman, sua origem. **Observatório da imprensa**, n. 672, 13 dez. 2011. Disponível em <http://observatoriodaimprensa.com.br/feitos-desfeitas/ed672-ombudsman-sua-origem/>. Acesso em: 22 nov. 2017.

MORAIS, F. **Chatô, o rei do Brasil**. 3. ed. São Paulo: Companhia das Letras, 2011.

MORETZSOHN, S. D. Comentário da semana: O "erro" do Globo e a urgência de uma legislação sobre a mídia. **Objethos**, 9 nov. 2015. Disponível em: <https://objethos.wordpress.com/2015/11/09/comentario-da-semana-o-erro-do-globo-e-a-urgencia-de-uma-legislacao-sobre-a-midia/>. Acesso em: 16 jan. 2018.

O GLOBO. **Coluna de Lauro Jardim estreia neste domingo no Globo**. 10 out. 2015. Disponível em: <https://oglobo.globo.com/brasil/coluna-de-lauro-jardim-estreia-neste-domingo-no-globo-17743837>. Acesso em: 17 jan. 2018.

PAUWELS, F. Defensores del público en la prense latino-americana: um trabajo complejo que busca consolidarse. **Organization of News Ombudsmen**, 5. jul. 2010. Disponível em: <http://newsombudsmen.org/defensores-del-publico-en-la-prensa-latinoamericana-un-trabajo-complejo-que-busca-consolidarse/>. Acesso em: 16 jan. 2018.

PENA, F. **Teoria do jornalismo**. São Paulo: Contexto, 2008.

PEREIRA JUNIOR, L. C. **A apuração da notícia**: métodos de investigação na imprensa. 2. ed. Petrópolis: Vozes, 2009. (Coleção Fazer Jornalismo).

_____. **Guia para a edição jornalística**. Petrópolis: Vozes, 2006.

PORTAL IMPRENSA. **"Veja" se desculpa por informação falsa e atribui erro a "falha interna de procedimento"**. 11 jan. 2013. Disponível em: <http://portalimprensa.com.br/noticias/brasil/56063/veja+se+desculpa+por+informacao+falsa+e+atribui+erro+a+falha+interna+de+procedimento>. Acesso em: 17 jan. 2018.

RAMONET, I. **A tirania da comunicação**. 4. ed. Petrópolis. Vozes: 2007.

RAMOS, M. P. Métodos quantitativos e pesquisa em ciências sociais: lógica e utilidade do uso da quantificação nas explicações dos fenômenos sociais. Dossiê – Análises quantitativas e indicadores sociais. **Mediações**, Londrina, v. 18, n. 1, p. 55-65, jan./jun. 2013. Disponível em: <https://www.lume.ufrgs.br/bitstream/handle/10183/132102/000901271.pdf?sequence=1>. Acesso em: 16 jan. 2018.

RODRIGUES, R. 'São arruaceiros que querem o tumulto', afirma Pezão sobre protesto na Alerj. 9 fev. 2017. Dispnível em: <https://oglobo.globo.com/rio/sao-arruaceiros-que-querem-tumulto-afirma-pezao-sobre-protesto-na-alerj-20901413>. Acesso em: 21 dez. 2018.

SCHMITZ, A. A. **Fontes de notícias**: ações e estratégias das fontes no jornalismo. Florianópolis: Combook, 2011.

SCHUDSON, M. **Descobrindo a notícia**: uma história social dos jornais nos Estados Unidos. Tradução de Denise Jardim Duarte. Rio de Janeiro: Vozes, 2010.

SHAPIRO, I. Why Democracies need a Functional Definition of Journalism now more than ever. **Journalism Studies**, v. 15, n. 5, p. 555-565, 2014.

SILVA, C. E. L. da. O organograma da redação está mudando. **Revista ESPM**, n. 8, jan./mar. 2014. Disponível em: <http://observatoriodaimprensa.com.br/feitos-desfeitas/_ed786_o_organograma_da_redacao_esta_mudando/>. Acesso em: 7 dez. 2018.

SILVA, G. O fenômeno noticioso: objeto singular, natureza plural. **Estudos em Jornalismo e Mídia**, n. 2, ano 6, p. 9-15, jul./dez. 2009. Disponível em: <https://periodicos.ufsc.br/index.php/jornalismo/article/view/1984-6924.2009v6n2p9/11273>. Acesso em: 7 dez. 2018.

SILVA, M. P. da. Como os acontecimentos se tornam notícia: uma revisão do conceito de noticiabilidade a partir das contribuições discursivas. **Estudos em Jornalismo e Mídia**, n. 1, ano 7, p. 173-184, jan./jun. 2010. Disponível em: <https://periodicos.ufsc.br/index.php/jornalismo/article/viewFile/1984-6924.2010v7n1p173/12707>. Acesso em: 16 jan. 2018.

SODRÉ, M.; FERRARI, M. H. **Técnica de reportagem**: notas sobre a narrativa jornalística. São Paulo: Summus, 1986.

TRAQUINA, N. **Teorias do jornalismo**: porque as notícias são como são. 2. ed. Florianópolis: Insular, 2005. v. 1.

WOLF, M. **Teorias das comunicações de massa**. 3. ed. São Paulo: M. Fontes, 2008.

Respostas

Capítulo 1

Questões para revisão

1. São cinco novas funções. O **produtor** monta um "pacote" completo para uma matéria, da apuração à checagem. O **infografista** simplifica em gráficos e imagens informações mais complexas. O **gerente de dados** lida com bases de dados e números que ajudam na construção de notícias. No lugar do repórter fotográfico está surgindo o **jornalista de multimídia visual**, que fotografa, filma, faz gráficos, índices, mapas e também escreve. Há ainda o **gerente de comunidades**, que monitora as redes sociais e tenta mobilizar o público que se comunica com o veículo por esses meios.
2. O Iluminismo foi um período histórico marcado pelo desejo fugir do legado de tirania e superstição da Idade Média. Os valores iluministas consistiam em trazer o conhecimento à luz, desvelar o que havia de interesse público e que ainda não fosse conhecido. Esse desejo de expandir o conhecimento se espelhou nas práticas do jornalismo.
3. c
4. e
5. c

Capítulo 2

Questões para revisão

1. O lide é a primeira parte, ou primeiro parágrafo, de uma notícia. Parte do princípio de que os fatos devem ser relatados de forma objetiva e em ordem decrescente de importância. Assim, o lide deve responder às seis perguntas básicas no jornalismo: O quê? Quem? Quando? Onde? Como? Por quê?

2. Gancho é um jargão jornalístico para determinar a ideia-força de um assunto, aquilo que justificará a veiculação da matéria. A escolha do gancho está relacionada à ideia do que mais poderia chamar a atenção do público. Um acidente na esquina, por exemplo, pode ser um gancho para uma reportagem mais aprofundada sobre o número de acidentes em um determinado período na cidade toda.
3. b
4. e
5. d

Capítulo 3

Questões para revisão

1. As fontes primárias de informação são aquelas que oferecem evidências diretas e específicas ou relatam suas experiências. Desde que confirmada sua autenticidade, são bastante valiosas porque fornecem a prova direta de um acontecimento. As fontes secundárias, por sua vez, fornecem informação a uma certa distância do acontecimento. Em geral, todo material publicado, incluindo relatórios de organizações e relatos de segunda mão, são fontes secundárias.
2. A manipulação da informação pode ser por má-fé, mas também pode ocorrer por outras razões, talvez por medo de uma represália caso o informante venha a ser descoberto. Quando uma fonte oferece uma informação ou documentos, procure descobrir seus motivos, se os documentos são oficiais, se faltam informações, se os dados são atuais, se estão corretos. Por segurança, é importante saber quem é a fonte, se é de instituição pública ou privada. Enfim, saber quais são seus interesses na divulgação das informações. Assim será mais fácil avaliar os riscos de uma publicação.
3. a
4. d
5. b

Capítulo 4

Questões para revisão

1. A maioria das reportagens costuma começar com uma pergunta do jornalista, não com um telefonema anônimo ou um envelope com documentos secretos enviado à redação. As reportagens nascem geralmente do interesse do repórter ou por meio de uma conversa, da leitura de alguma reportagem anterior, da experiência do repórter em alguns assuntos, da sua experiência de vida, de uma observação fortuita. Ter boas ideias nem sempre é fácil, e talvez seja até a parte mais difícil do trabalho de um jornalista que queira fugir das coberturas convencionais.
2. Primeiro é preciso fazer uma sondagem, ou seja, uma pesquisa ou a exploração inicial do tema a fim de confirmar a veracidade da informação. Em seguida começa a etapa da apuração, momento em que se busca as informações mais precisas sobre o que se investiga. Essa apuração na pré-produção é feita geralmente de dentro da redação, por meio de contatos com órgãos públicos, entidades de classe, instituições que darão mais dados sobre o tema da reportagem.
3. c
4. b
5. d

Capítulo 5

Questões para revisão

1. Na visão de Pereira Junior (2009, p. 87), o "jornalista não pode se contentar com apenas um (ou poucos) aspecto da história". É preciso validar a informação com pelo menos duas outras fontes. Portanto, a checagem dos dados consiste em confirmar com outras pessoas ou documentos cada informação antes de concluir a matéria. O bom jornalista sempre duvida de tudo. Duvidar faz parte da boa checagem. O depoimento de alguém não garante a veracidade.
2. A pesquisa quantitativa busca dimensionar um fenômeno por meio de estatísticas, números e porcentuais. Em geral, essas pesquisas são realizadas por universidades, institutos (como o Instituto Brasileiro de

Geografia e Estatística – IBGE) ou empresas especializadas em opinião pública e, depois, noticiadas pela imprensa. A pesquisa qualitativa é mais analítica, preocupa-se menos com números e mais com a interpretação dos acontecimentos e o registro da opinião e das impressões das pessoas envolvidas ou que são afetadas por determinado assunto. A maioria das entrevistas jornalísticas tem caráter qualitativo.

3. b
4. c
5. c

Capítulo 6

Questões para revisão

1. A imprensa tem experimentado diferentes formas de avaliar seu conteúdo, por meio de instâncias internas ou externas de controle de qualidade jornalística. Um primeiro termômetro é a repercussão pública. Em muitos casos, o público é convidado a opinar, por meio dos conselhos de leitores ou nas caixas de comentários no pé das matérias. Outra forma é a criação de cargos como *ombudsman*, ouvidor ou gerente de controle de qualidade. Mas também há instâncias externas à empresa para avaliação de qualidade, a exemplo dos observatórios de mídia, iniciativas de análise e crítica de mídia, regulamentação estatal do mercado, entre outras.

2. O fechamento é o momento de levantar todos os assuntos que a equipe da redação cobriu durante o dia, as matérias e fotos produzidas, os temas que ficaram de fora e que precisam entrar no jornal de alguma forma. É a hora de decisões importantes: qual assunto será manchete, quais matérias vão abrir cada bloco ou caderno, quais fotos ou imagens terão destaque. São essas definições que determinam o jornal ou telejornal que chegará ao público.

3. e
4. e
5. a

Sobre o autor

Mauri König é graduado em Letras e em Jornalismo, com pós-graduação em Jornalismo Literário. Atualmente, é professor de Jornalismo do Centro Universitário Internacional Uninter e faz mestrado em Jornalismo na Universidade Estadual de Ponta Grossa (UEPG). Jornalista desde 1990, trabalhou nos jornais *Folha de Londrina*, *O Estado do Paraná*, *Gazeta Mercantil*, *O Estado de S.Paulo*, *Gazeta do Povo* e *Folha de S.Paulo*. Em 2017, figurava no *ranking* da revista digital *Jornalistas&Cia* como o terceiro jornalista brasileiro mais premiado da História.

Em 27 anos de carreira, ganhou 38 prêmios de jornalismo, entre eles dois Esso, dois Embratel e dois Vladimir Herzog. Venceu duas vezes o Lorenzo Natali Prize, concedido pela União Europeia, e conquistou ainda o Prêmio de Direitos Humanos da Sociedade Interamericana de Imprensa e o Prêmio Internacional de Liberdade de Imprensa, do Committee to Protect Journalists (EUA). Recebeu da Universidade Columbia, em 2013, o Maria Moors Cabot Prize, o mais antigo prêmio do jornalismo mundial.

Têm três livros publicados: *Narrativas de um correspondente de rua* (2008, Editora PósEscrito), finalista do Prêmio Jabuti; *O Brasil oculto* (2012, Editora ComPactos); e *Nos bastidores do mundo invisível* (2017, Editora Cursiva).

Os papéis utilizados neste livro, certificados por instituições ambientais competentes, são recicláveis, provenientes de fontes renováveis e, portanto, um meio **respons**ável e natural de informação e conhecimento.

FSC
www.fsc.org
MISTO
Papel produzido a partir de fontes responsáveis
FSC® C103535

Impressão: Reproset
Junho/2021